Los 3 pasos
infalibles
para comunicar
en los negocios,
la familia y la vida

HABLA
MENOS
CONECTA
MÁS

frank
gp

HABLA MENOS, CONECTA MÁS

LOS TRES PASOS INFALIBLES PARA COMUNICAR EN LOS NEGOCIOS, LA FAMILIA Y LA VIDA.

© Frank GP 2023

Todos los derechos reservados. Prohibida su reproducción total o parcial sin permiso del autor.

Editorial AdAstra www.editorialadastra.com

Conoce más y conéctate con nosotros en

Para Yolanda y Luis,
cuyo matrimonio duró toda la vida
y llenaron mi infancia de
ejemplo, libros, canciones y libertad.

Índice

¡HOLA! 1
1. ¿POR QUÉ NO NOS ENTENDEMOS? 5
   El mito del emisor. 7
   La la Land. 12
   Cuando los mundos chocan. 13
   Julieta reloaded. 19
   Manejando el automóvil 20
2. PRIMER PASO: LA RELACIÓN. 25
   ¿Y quién eres tú para decirme esto? 25
   Hablemos de burbujas. 27
   ¿Cómo se unen las burbujas? 34
   ¿Por qué te voy a escuchar a ti? 35
   Taco de pie de mamut 38
   No todas las relaciones son iguales. 40
   ¿Cómo construyo esta confianza? 64
   ¿Cómo iniciar un discurso? 65
      Las historias mueven las emociones. 67
      Las historias se identifican con el que escucha 68
      Las historias liberan hormonas relacionales 68
      Las historias mantienen la atención. 69
      Las historias abren la puerta del argumento. 69
      ¿Qué historia elijo? 70
      Las mejores son las historias propias y reales: 70

Otras historias posibles son las verdaderas, pero ajenas: 71
Por último, puedes elegir una historia de ficción 71
La cuenta de cheques. 72
    La cuenta funciona así: 73
Cuatro pilares del *Ethos*. 77
    1. Imagen. 77
    2. Reputación. 89
    3.   Contactos. 97
    4.   Congruencia. 101
Ethos al hablar en público. 103
El Ethos en la familia. 112
Ethos en la Empresa. 117
En conclusión. 123
3. SEGUNDO PASO: INSPIRACIÓN. 125
    Animales... ¿racionales? 128
    De la información a la inspiración. 133
    Diez formas de emocionar a tu audiencia. 138
        1.   Contacto. 138
        2.   El efecto espejo. 143
        3.   Storytelling. 145
        4.   El futuro, el pasado y lo abstracto. 150
        5.   La humanización. 153
        6.   De ida y vuelta. 154
        7.   La curva del Titanic. 157
        8.   Imágenes poderosas. 161
        9.   Mucho más que dos. 163

- 10. La montaña rusa. 166
- Los límites del *Pathos*. 168
  - Steve Jobs y el *pathos* legendario. 170
  - Más sobre storytelling: el caso de Pixar. 176
    - Es cuestión de ciencia 179
    - Cuenta Historias Completas 180
  - Storytelling y comunicación de la empresa. 181
    - Misión: lo que soy y seré. 183
    - Visión: mi porqué y el mundo ideal. 184
    - Valores: las cosas no negociables. 186
    - Mi historia: de dónde vengo. 187
  - En resumen: 189
- 4. TERCER PASO: ARGUMENTO; ESTO ES REAL. 192
  - Antes de la luna de miel. 194
  - Preguntando se llega a Roma. 196
  - Esto es real. 199
  - El costo de la persuasión. 203
  - Pedro Picapiedra y las verduras falsas. 206
  - Estructura y secuencia. 210
  - No me digas, muéstrame. 213
  - Números con referencia. 216
  - Los últimos serán los primeros. 218
  - En conclusión: 223
  - Esta es la ecuación final. 224
  - Sigamos en contacto ....

¡HOLA!

¡Hola! es una de mis palabras favoritas. No sé cuántas conversaciones han iniciado y cuántas personas he conocido con un simple "hola". ¡Gracias por adquirir este libro! Su único objetivo es ayudarte a mejorar tu vida, tu familia, tus negocios y tus proyectos a través de la mejor herramienta de construcción que tenemos los seres humanos: la comunicación.

Dentro del mundo natural, los seres humanos somos los únicos que hemos desarrollado una capacidad de comunicar tan compleja y precisa, y con el tiempo creamos redes internacionales que nos permiten hablar unos con otros alrededor del mundo en pocos segundos.

En muchos sentidos, vivimos en la era mejor comunicada de la historia.

Pero en otro sentido, hemos olvidado lo que es comunicar.

Cuando vemos los grandes problemas que amenazan a la humanidad hoy día, podemos afirmar sin miedo que todos ellos comparten una gran característica: son diálogos de sordos.

Pensemos, por ejemplo, en el calentamiento global. Aunque existe información científica suficiente para saber qué lo causa y cómo podríamos evitarlo, ni los gobiernos ni las empresas logran ponerse de acuerdo. **No falta información. Falta comunicación.**

Este no es el único caso. Si alguna vez has intentado participar en una discusión en redes sociales sobre prácticamente cualquier tema, te habrás encontrado con el mismo fenómeno. Trata de entablar un diálogo sobre las drogas, la violencia, el hambre, las armas, la familia, la política, la religión o la última película de Disney... y te encontrarás en un entorno tóxico y agresivo, donde datos y opiniones son intercambiables y nadie está dispuesto a dar su brazo a torcer. Nuestro mundo moderno está inundado en información. Habitualmente, lo que falta no son datos, sino comunicación.

Esto tiene consecuencias en realidades más cercanas en nuestra vida.

Por ejemplo, en la familia, en donde la comunicación entre esposos; entre padres e hijos; entre hermanos y con la familia política es fuente constante de tensión y drama. En la mayoría de los problemas familiares, encontraremos una falla de comunicación justo al centro, y en muchas ocasiones dos o más personas *lalalá*, todas seguras de tener la razón.

¿Qué es una persona *lalalá*? Es aquélla que no escucha porque no quiere escuchar; una sorda por convicción; es aquélla que cuando le hablan, se pone las manos en las orejas, cierra los ojos y dice "lalalá lalalá, no te quiero escuchar". Todos tenemos nuestros momentos lalalá; pero ya llegaremos a eso.

En los negocios, una mala comunicación causa estragos. Las empresas no son solo ladrillos y sistemas, sino personas que comparten un entorno productivo con una misma misión. Si la comunicación entre el jefe y el empleado; los empleados entre sí; la empresa con los clientes o la empresa con los medios tienen distorsiones (aunque tengan buenas intenciones), los malos resultados no se harán esperar.

Todos los entornos de nuestra vida están empapados de la necesidad de comunicarnos; pero la comunicación es una de las ciencias aún hoy menos estudiadas, por ser fundamentalmente un aspecto intangible de nuestra vida diaria.

Voy a hacer una afirmación arriesgada: el 90% de nuestros problemas podrían solucionarse si aprendiéramos a **comunicar con dimensión.**

¿Qué es comunicar con dimensión? Es una forma distinta de vivir la comunicación en todas las áreas de tu vida que parte de una premisa fundamental:

La Comunicación no es un Acto. La Comunicación es una Relación.

Lograr el hábito de la comunicación con dimensión se logra a través de tres pasos sencillos, progresivos y transformadores.

Este NO es un libro de oratoria, de técnicas de venta o de *tips* para conferencistas; es un manual de Comunicación con Dimensión que mejorará sustancialmente tu desarrollo personal en todas las áreas de tu vida, tu familia, tu negocio y tus proyectos.

Cuando aprendas el hábito de la Comunicación con Dimensión, verás cambios inmediatos no solo en tu vida, sino en aquellos que te rodean. Habrás desentrañado un secreto de comunicación que abre la puerta para gran cantidad de mejoras y de soluciones. Tendrás en tus manos una herramienta cuyo diseño es producto de millones de años de evolución y podrás tratar con personas que antes te parecían imposibles.

Vamos a hacer un viaje por los caminos de la ciencia, la historia y la psicología para aprender (otra vez) algo que creíamos dominado.

Porque en este mundo **todos hablan, pero pocos conectan.**

1. ¿POR QUÉ NO NOS ENTENDEMOS?

Hace muy poco, al terminar una capacitación de comunicación para ventas, una de las asistentes se acercó a mí y esperó a que todos los demás se fueran, para hacerme una pregunta.

"Francisco -dijo- perdona que te aborde en este sitio".

No es raro que al final de una sesión queden preguntas en el aire, pero esta pregunta era distinta. Mi interlocutora, a quien llamaremos Julieta, continuó:

"Esta no es una pregunta sobre ventas. Es una pregunta personal, sobre mi familia".

Previendo que pudiéramos tardar un poco más, por ser un tema delicado, le invité a tomar asiento y le pedí que me explicara más.

"Bueno... es mi hija adolescente. De tres hijos que tengo, ella es la más pequeña; tiene diecisiete años y, francamente, no sé cómo hablarle. No sé qué decirle. No importa lo que yo le diga, ella hace lo contrario. Sus amigos no me gustan y se acaba de poner un arete en la nariz. Creo que lo hace sólo para molestarnos a su papá y a mí..."

Julieta hizo una pausa cuando las lágrimas empezaron a subirle a los ojos. "Ya no sé qué hacer. Yo solo quiero su bien. Sencillamente ya no podemos hablar".

El problema de Julieta es grave y, lamentablemente, muy común. No solo en la familia, sino también entre amigos o colegas en las empresas.

Regresaremos con Julieta un poco mas adelante. Su problema partía de una confusión fundamental en el papel de la comunicación en la familia.

Aunque los temas son distintos, el problema es similar a la queja de un amigo mío, director en una empresa, quien afirma que, sencillamente "no puede ni verse" con otro de los directores. No logran ponerse de acuerdo y los problemas siempre son culpa del otro. El trato con personas difíciles en el trabajo es una fuente de estrés para millones en el planeta.

¿Por qué Julieta y su hija no pueden hablar? ¿Por qué los directores no pueden ponerse de acuerdo?... ¿Por qué un candidato no conecta con el público y por qué los fumadores siguen fumando? ¿Por qué los esposos no levantan sus calcetines? ¿Por qué los empleados siguen incumpliendo el reglamento? ¿Por qué hay problemas que jamás se solucionan?

Estas preguntas parecen inconexas, pero, aunque no lo creas, todas comparten un hilo conductor. Todas nacen de un error fundamental; uno de los errores más comunes (y graves) en la comunicación: Creer que comunicar consiste en transmitir información.

El mito del emisor.

Lo he hecho docenas de veces. Si me paro frente a un auditorio, aula o cualquier otro grupo de personas y les pregunto ¿Qué es la comunicación? Muy pronto dos o tres levantan la mano y me responden lo que saben de memoria o recuerdan tal vez de la escuela.

"La comunicación es un proceso en que un emisor..."

Con palabras más o palabras menos, la mayoría de las personas a las que les hago la pregunta responden con una variante de este esquema:

Emisor ➡ Mensaje ➡ Receptor

Todos hemos visto alguna vez este esquema ¿no es así? Según la complejidad con la que se presente, puede contener otros elementos, como MEDIO, RUIDO, DIRECCIÓN, etcétera; pero el base es la misma: el EMISOR envía un MENSAJE y el RECEPTOR lo recibe, *et voila*, ha ocurrido la comunicación.

Todos lo sabemos, todos lo repetimos. Debe ser cierto, ¿no?

No exactamente.

No es que el esquema esté mal en sí mismo. El problema es que, como teléfonos descompuestos, hemos repetido el concepto hasta hacerle perder su valor original. Esta fórmula se conoce como el "Modelo Matemático de Comunicación" de Shannon y Weaver y fue desarrollado en las décadas de los 40s y 50s. Estos estudiosos norteamericanos trataron en este modelo de desarrollar una teoría matemática aplicable a los medios de comunicación disponibles en la época tras la segunda guerra mundial. Principalmente radio y prensa; un poco de televisión y cine. Estaban, además, influenciados fuertemente por el sistema de propaganda nazi y norteamericana que se utilizaron durante el conflicto y que se seguirían usando durante la guerra fría.

El Modelo de Shannon fue utilizado como base teórica de las comunicaciones sociales durante muchas décadas, tratando de potenciar el poder de los medios de comunicación para su mayor efectividad.

Hasta allí, todo bien. El problema es que, después, al aprenderlo y repetirlo una y otra vez, empezamos a llevar el modelo de comunicación de Shannon a todas partes: a nuestras relaciones personales, familiares, sociales y de negocios, así como a la naciente disciplina publicidad a partir de los años 60s. Es un modelo unidireccional que basa su fuerza en el mensaje y en la frecuencia: mientras más veces repites un mensaje, mayor capacidad de permear tienes en la audiencia.

¿Ahora podemos ver en dónde estuvo el error? Es un modelo diseñado para *radios y televisores*. **Pero las personas no somos radios ni televisores.**

En su objeto original, el esquema ya está superado en la teoría y en la práctica, a pesar de que lo siguen enseñando en muchas escuelas. ¿La televisión, el radio y la prensa? Hace décadas que no son unidireccionales: con la digitalización de los contenidos y su distribución en línea, la comunicación es siempre bidireccional o multidireccional: los medios deben escuchar a sus clientes y a su audiencia para crear un contenido hecho a la medida para cada persona.

La industria de la publicidad también ha ido operando bajo nuevas teorías, desarrollando sistemas BLT (*Below de Line*) y contenidos especializados, *inbound* y personalización extrema para encontrar su público meta

Aunque medios tradicionales han ido abandonando poco a poco la noción vieja de un esquema unidireccional de Shannon, observo con mucha frecuencia que personas y negocios siguen operando bajo sus principios:

Creen que "decir" las cosas es comunicar. Creen que "publicar" las cosas es comunicar. Creen que "imprimir" un letrero es comunicar. Creen que mandar "spam" es comunicar. Esta forma de comunicación es la manera menos efectiva y más costosa de transmitir información. Sencillamente, falla la mayoría de las veces, y aún más cuando existen desacuerdos o falta confianza.

Pasa en las familias ("ya le dije a mi hijo que estudie, pero no me obedece"), pasa en las empresas ("ya publicamos el reglamento, pero los empleados siguen llegando tarde"), y pasa en los negocios ("ya mandamos correo a todos los clientes. ¿por qué no nos están comprando"?).

La respuesta a estas interrogantes es sencilla: Decir no es comunicar. Hablar no es comunicar. Enviar no es comunicar.

Transmitir un dato no es lo mismo que comunicar.

Durante la década de los años 80, los científicos de Procter & Gamble desarrollaron, tras años de investigación, un producto que tenía el poder de eliminar malos olores. Era un invento sensacional con un mercado potencial inmenso. Se preparó el lanzamiento de producto (le llamaron *Febreeze*) y a través de diversos *focus groups* y entrevistas, decidieron dirigir el producto a aquellas personas que requerían eliminar malos olores.

Esta historia aparece, entre otras, en el brillante libro "el Poder del Hábito" de Charles Duhigg. Las muestras en el estudio de mercado previo predijeron un inmenso éxito. Por ejemplo, entrevistaron a una mujer cuyo trabajo le hacía enfrentarse con zorrillos constantemente. Su ropa, su casa, su pelo... todo apestaba a zorrillo, lo que le impedía tener una relación romántica e incluso reunirse con sus amigos. Tras aplicar *Febreeze* en toda su casa, ella dijo sentirse transformada, y eliminar los olores fue un nuevo comienzo en su vida.

Pensaron que venderían millones de unidades para todas aquellas personas que *apestaban* o tenían problemas de olor en su casa. Destinaron millones de dólares para publicidad y lanzaron la campaña en televisión, radio, revistas y en islas especiales en los supermercados.

Pero nada salió como esperaban. A los pocos meses habían vendido apenas unas miles de unidades y estaban al borde de la quiebra. Simplemente nadie estaba comprando el producto. ¿Por qué?

La teoría de comunicación más prevalente a mediados del siglo pasado consideraba que la comunicación unidireccional causaba efectos inmediatos y casi perfectos. Los expertos en comunicación le llaman *la teoría de la aguja hipodérmica*; y afirmaba que la información podía "inyectarse" directamente en las personas, quienes la recibirían y aceptarían sin mayor esfuerzo ni oposición.

Los ejecutivos de *Febreeze* operaron bajo esta lógica. El producto era bueno y funcionaba bien; y aparentemente tenía un mercado claro. Lo único que bastaba era inundar los medios de publicidad; exponer al receptor a nuestro mensaje... y listo.

Pero la realidad es un poco más compleja. ¿Qué fue lo que pasó?

La la Land.

Si entendemos la comunicación como un *acto* en el cual una persona envía un mensaje a otra, entonces es sencillo entender por qué nos encontramos en este mundo, en donde millones de personas están seguras de estar comunicando, cuando lo único que están haciendo es emitiendo mensajes que nadie escucha. Gritos, ruido, ladridos, sonidos, gruñidos.

Emitir no es comunicar. Expresar una idea, formular una frase, usar la boca para formar palabras... no es comunicar. Es solamente eso; hablar. **Y en este mundo, todo el mundo habla.**

En la tradicional reflexión oriental se nos plantea la pregunta: Si un árbol cae en el bosque y nadie lo escucha ¿hace ruido?

En noviembre de 1974, un grupo de científicos dirigidos por Carl Sagan diseñaron y enviaron un mensaje al espacio. Es conocido como el "Mensaje de Arecibo". El mensaje tenía una longitud de 1679 bits y fue enviado en la dirección del cúmulo de estrellas llamado M13, a 25 mil años luz. El mensaje contiene información sobre la situación del Sistema Solar, de nuestro planeta y del ser humano.

También en noviembre de 1974 (y en todos los días hasta el día de hoy) una madre asomó la cabeza por la puerta de la cocina y declaró que la cena estaba lista.

Por esos días, un gerente de empresa envió un *memo* a todos los empleados informándoles sobre los "cinco valores" que se habrían de vivir en el negocio.

Los tres mensajes; el de Carl Sagan, el de la madre y el del gerente tuvieron un resultado similar: el absoluto silencio cósmico.

Y es que emitir, regañar, hablar, decir, publicar, promover, gritar, postear, no es comunicar. Es ruido, eco y ladrido, a menos que *alguien* reciba el mensaje, lo absorba y lo haga propio.

Claro: podemos ladrar esperando que alguien o algo reciban nuestro mensaje. Es probable que alguien nos oiga eventualmente, pero es también un sistema impráctico, ineficiente, costoso y molesto.

Hay otra manera.

Cuando los mundos chocan.

Las cosas se hacen aún más difíciles si consideramos que en el mundo moderno, nos encontramos inundados con miles de mensajes dirigidos a nosotros. Todo el mundo nos ladra a todas horas en la calle, en los anuncios, en la TV, en el transporte público, en los periódicos, en las revistas, en las redes y en los algoritmos de *Google*. Una persona en zonas urbanas recibe en promedio 7,000 a 12,000 ladridos diarios. *Mira, lee, compra, vota, no votes, suscríbete, odia, llora, sonríe, haz click aquí, venga, ahora mismo, mira, mira, ¡miraaaa!*

Nuestro cerebro es incapaz de recibir y procesar todos estos mensajes, y el ser humano moderno aprende desde muy joven a cerrar las orejas por la misma razón por la que las ballenas cierran su respirador cuando se sumergen: para no morir por ahogamiento. Nuestro mundo moderno es un mundo de *lalalás*.

Para poder comunicarse con una persona, con cualquier persona, es necesario atravesar las incontables capas de ruido que le rodean y recibir una señal de entrada. Claro, podemos ladrar más violentamente o llamar la atención de modos invasivos (como hacen algunos "expertos" en publicidad). Las mamás pueden gritar o lanzar chanclas; los jefes pueden manotear sobre el escritorio, y los maestros pueden amenazar a la clase. Pero esto no hará más que ganarnos un segundo de calma aparente y atención superficial. El corazón y la mente están escondidos dentro de capas más profundas: las dimensiones de cada ser humano.

Todos tenemos un universo en nosotros mismos; una serie de dimensiones que influyen en nosotros, en la forma en que actuamos y la manera en que vemos el mundo. Tenemos una historia, relaciones humanas, miedos, fobias, sueños y esperanzas. Tenemos cuerpo; dolores, sueño, hambre, cansancio y comezón. Tenemos ganas de hacer pipí. Tenemos padre y madre, ancestros; nación y cultura, religión y valores; tenemos profesión y circunstancias. No somos solamente "una persona". Somos Pedro, Fernanda, María, Jazmín y Eduardo. Queremos pertenecer a un grupo, pero también sentirnos únicos. De hecho, somos únicos. Tenemos un pasado y pensamos en el futuro. Somos multidimensionales.

Por eso, ningún mensaje sucede entre dos personas solas, como flotantes, en un vacío de tiempo y espacio. Cada mensaje forma parte de una realidad más completa y más compleja: una relación humana.

Por esa razón, pensar en un mensaje como un solo acto tendrá siempre resultados inesperados. Los mensajes no salen de un cuerpo en el vacío a través de un tubo de vacío para llegar a otro cuerpo en el vacío.

De hecho, el mensaje es lo que menos importa. Es solo el último eslabón de una larga cadena que comenzó hace mucho tiempo. Lo que importa y existe es la relación entre estas personas. La forma en que estas personas son, sienten, y cómo se relacionan, es lo que determinará en última instancia el destino de un mensaje concreto.

La Comunicación con Dimensión es una forma distinta de entender la comunicación. No como un acto o un "mensaje", sino como una relación entre dos personas y sus respectivas dimensiones.

> Lo que más importa no es "lo que dices" a tus hijos.
> Lo que más importa no es "lo que dices" a tu esposo.
> Lo que más importa no es "lo que dices" a tus equipo.

Lo que más importa no es "lo que dices" a tus alumnos.
Lo que más importa no es "lo que dices" a tus clientes.
Lo que más importa no es "lo que dices" a tu auditorio.
Lo que más importa no es "lo que dices" a tus votantes.

Lo que importa es la relación que existe con tus hijos, tu esposo, tus empleados, tus alumnos, tus clientes, tu auditorio y tus votantes. La relación forma y deforma los mensajes al punto de hacerlos exitosos o inútiles.

Ya sea en una relación que dura toda la vida (como una relación familiar) o en una interacción de un solo momento (como por ejemplo, un encuentro con un desconocido), la relación obtiene su naturaleza de las dimensiones de cada una de las personas involucradas.

Por eso afirmo que la comunicación no es un acto. Es una relación.

En cada momento, la comunicación ha de partir de tres preguntas esenciales: ¿quién soy yo? ¿quién es el otro? y ¿cuál es nuestra relación?

La única manera de comunicar algo a alguien es, primero, creando y fortaleciendo la relación, para después compartir las cosas que son mutuamente importantes.

Este proceso puede significar apenas unos segundos, o quizás muchos años. De cualquier forma, no existe comunicación sin relación. **Lo repito: no existe comunicación sin relación.**

En este libro quiero compartir contigo algunos mecanismos para poder crear y fortalecer una relación que permita una comunicación abierta y efectiva en distintos entornos de tu vida.

Para comunicar hay que hablarle a la persona y sus dimensiones desde la posición de una relación existente. Hablar a una persona sin tener en cuenta sus dimensiones es una tarea agotadora e inefectiva; fuente de confusión y malentendidos, que siempre deja a ambos insatisfechos. La relación va primero. Las dimensiones van primero.

¿Recuerdan a *Febreeze*? Tras llegar a un punto desesperado, la empresa reunió a un nuevo equipo de investigadores. Si el producto era tan bueno ¿por qué nadie lo estaba comprando?

Tuvieron que buscar y entrevistar a otras personas y encontrar nuevas respuestas. En este proceso, encontraron a una clienta que había comprado *Febreeze* varias veces. Cuando fueron a su casa esperaban encontrar, quizás, graves problemas de malos olores: quizás una granja o un a casa cerca de una mina de azufre...

Pero no fue así. La casa estaba ordenada y limpia, y todo olía de maravilla. Era lo opuesto a lo que esperaban. La clienta les dijo que usaba *Febreeze* como parte de una rutina de limpieza, justo al final de terminar de ordenar las habitaciones. Para la clienta, el aroma de *Febreeze* significaba que el trabajo estaba hecho, y que podía descansar. *Febreeze* era una celebración.

A partir de este descubrimiento, replantearon toda la campaña. Se dieron cuenta de que, a fin de cuentas, la mayoría de las personas que huelen mal muchas veces *no saben* que huelen mal, o simplemente no les importa.

Un simple cambio de perspectiva: no vender *Febreeze* a "los que huelen mal", sino a "los que quieren oler bien". No a los sucios, a quienes no les importa, sino a los limpios, a quienes sí les importa. Cuando reintrodujeron el producto con los cambios en la campaña, el éxito fue inmediato y hoy es una industria de cientos de millones de dólares.

El asunto nunca estuvo en el producto mismo, ni en la falta de información o exposición. La información estaba allí. No fue sino hasta que exploraron las dimensiones (no solo físicas, sino sociales y psicológicas) de sus probables clientes que las piezas del rompecabezas cayeron en su lugar.

En la vida diaria, todos cometemos el error de *Febreeze* constantemente: querer comunicarnos con las personas a partir de ideas preconcebidas o etiquetas; tratando solo de vender lo que queremos vender. Es decir; hablamos sin conectar.

Febreeze pudo hacer algo al respecto. Julieta también pudo hacer algo al respecto.

Julieta reloaded.

Aquella tarde conversamos por largo rato sobre su hija de diecisiete años e ideamos un plan.

Todo partió de una pregunta que me atreví a hacerle cuando afirmó que "simplemente no sabía que decirle a su hija". Yo respiré hondo, esperé tres segundos y abrí un camino:

¿Y quién te dijo que tienes que "decirle" algo?

Julieta tardó algunos segundos más en responder, mientras intentaba encontrar una respuesta que le fuera satisfactoria. Lo intentó con una frase aprendida:

"Es que, en la familia, lo más importante es la comunicación", me dijo.

"Tienes razón. La comunicación es importante. Pero ¿toda la comunicación consiste en hablar o decir cosas?"

Una vez más, Julieta se detuvo. Ella misma empezaba a vislumbrar una respuesta distinta. Pero no pudo ponerle palabras.

Le platiqué un poco más sobre los tres pasos, la comunicación en familia y empezamos a dibujar un plan de ataque para ese importante problema. Porque la pregunta que Julieta se estaba haciendo no era la pregunta correcta.

La pregunta correcta no era "¿Qué le digo a mi hija?", sino "¿Cuál es mi relación con mi hija?".

Porque en la familia, en el trabajo y en la vida, el "problema" no es el problema. El problema es la relación.

"El problema de tu hija, Julieta, no es el arete en la nariz o sus amigos o el silencio en casa. En estos momentos, lo que importa es la relación. Si solucionamos la relación, solucionamos lo demás".

Julieta sonrió. Luego volvió a ponerse seria.

"Sí, de acuerdo, pero ¿cómo lo hago?"

"Empecemos por el primer paso: dejar de hablar."

Julieta abrió sus ojos grandes, como platos.

Manejando el automóvil

Lo ves todos los días.

En el patrón que no logra cambiar la puntualidad en sus empleados.

En el candidato político que, a pesar de tener buenas propuestas, no logra conectar con su público.

En el conferencista que aparentemente cumple todas las reglas, pero aun así aburre al auditorio.

En la madre que no logra convencer a su hijo adolescente de que apague los videojuegos.

En el profesor que explica su materia en el salón, mientras sus alumnos están en otro planeta.

Todos ellos hablan, argumentan, ponen reglas, controles, amenazas. Pero no logran comunicarse. No logran romper la pared que guarda el corazón de las otras personas.

Todas estas personas están haciendo "algunas" cosas bien. Hablar correctamente, establecer reglas y parámetros, decir cosas ciertas y valiosas.

Pero no logran comunicar. ¿En dónde está el problema? El problema está en que no siguen las reglas de la comunicación.

Las reglas son estas:

1. Toda la comunicación entre seres humanos, sin excepción, atraviesa por tres pasos.
2. Los tres pasos tienen que suceder en orden secuencial.
3. Si te saltas un paso, el siguiente no funcionará, o funcionará deficientemente.

Piensa en un auto. Para manejarlo, necesitas cumplir tres pasos:

1. Que el auto tenga gasolina.
2. Encender el motor con la llave.
3. Manejarlo y darle dirección, usando el volante.

Estamos operando bajo la suposición de que el auto está completo y funciona, igual que tratamos con una persona sana y normal. Los pasos son tres: gasolina, motor, volante.

Si uno sube al auto, gira la llave... y el motor no enciende, ¿qué es lo que se puede hacer?

Si manejáramos como comunicáramos, entonces podríamos gritarle al auto, golpear al auto, enviarle correos electrónicos, salir a tratar de empujar el auto, decir groserías al auto, declararlo inútil y abandonarlo a un lado de la carretera.

En cambio, si respetamos el proceso de los tres pasos, simplemente dejaremos de intentar encender el motor (pues sabemos que eso puede causar más daño que bien) y nos bajaremos a revisar el tanque. Después llenaremos el tanque de gasolina (o al menos pondremos un poco, para empezar a avanzar). Sabemos que sin gasolina el auto no avanza.

Hay que respetar los pasos del proceso.

Lo mismo pasa si subimos a un auto y tratamos de manejarlo con el volante o los pedales... ¡pero sin encender el motor! No llegaremos muy lejos. Eso es lo que hacen los niños pequeños cuando están aprendiendo o juegan a ser pilotos. Pero no es lo que hace un piloto de verdad.

El piloto de verdad respeta los tres pasos del proceso. Gasolina, motor, volante. Sin gasolina no hay motor; y sin motor, el volante no sirve de nada.

Por supuesto, no estoy diciendo que las personas seamos objetos que podamos ser manejados. El asunto es mucho más complejo y emocionante. Uso el auto solo como un ejemplo que ilustra la necesidad de los tres pasos en la comunicación.

¿Quieres conectar con tus hijos? ¿Quieres mejorar la relación con tu esposo? ¿Quieres ser un mejor amigo para tus amigos; mejor líder para tus colegas; mejor emprendedor en tu entorno?

Los tres pasos te ayudarán a mejorar la forma en que te comunicas en todos los ámbitos de tu vida, y te llevarán a lugares que nunca creíste posibles.

> Tener un matrimonio permanentemente enamorado es posible con los tres pasos.
>
> Tener una relación con tus hijos que te permita formarlos a través de tiempos difíciles, es posible con los tres pasos.
>
> Tener una red de soporte verdadera con tus amigos... es posible con los tres pasos.
>
> Vender más, tener más clientes, mejorar la cultura en tu empresa, mejorar la relación con tus vecinos. Todo esto y más es posible con el método de los tres pasos.

He tenido el gusto de capacitar a miles de personas a lo largo de los años; desde políticos hasta empresarios; desde conferencistas hasta padres de familia. También he tratado de vivir el método de los tres pasos en distintas áreas de mi vida, y puedo decirte que los resultados son inmediatos y asombrosos. El método de los tres pasos es versátil y puede adaptarse a distintas personas y circunstancias.

Solo pide una cosa: respetar el proceso bajo las tres premisas que hemos dicho antes:

1. Toda la comunicación entre seres humanos atraviesa por tres pasos.
2. Los tres pasos tienen que suceder en orden secuencial.
3. Si te saltas un paso, el siguiente no funcionará, o funcionará deficientemente.

Con Julieta, hicimos un plan de tres pasos que duró tres meses. En estos meses, Julieta habló menos y empezó a forjar una nueva relación con su hija adolescente. Al final del proceso, las compuertas de la comunicación se abrieron para ambas y hoy, años después, siguen teniendo una gran relación.

Febreeze pudo lograrlo. Julieta pudo lograrlo y tú puedes lograrlo. Así que, si quieres darte la oportunidad de transformar tu vida, tu familia, tu carrera y tu negocio, vamos a empezar.

2. PRIMER PASO: LA RELACIÓN.

¿Y quién eres tú para decirme esto?

El primer paso en el método se explica con una pregunta: **¿Y tú quién eres?** y representa el elemento primero, indispensable y más poderoso en toda la comunicación humana. **La relación.**

En el ejemplo del auto, el primer paso –la relación- es la gasolina. Y el auto sencillamente no arranca si no tiene gasolina.

No importa que seas piloto; no importa que sea un Ferrari. Sin gasolina, no vas a ninguna parte.

El Juez de Babilonia.

En la legendaria ciudad de Babilonia, grande entre las grandes de la antigüedad, había un loco que se paraba en el cruce de dos transitadas calles cada mañana, cerca del bazar. Le llamaban "El Juez de Babilonia" y decía tener el poder de ver el alma de las personas.

Cada mañana se paraba allí y repetía su rutina: levantaba el dedo apuntando a cualquiera que pasara y le gritaba su sentencia.

- ¡Cambia tu trabajo!
- ¡Regresa con tu esposa!
- ¡Vende tus camellos!
- ¡No castigues a tus hijos!
- ¡Vete a vivir a Egipto!

La gente se divertía con el Juez de Babilonia y le daba algunas monedas. Alguna vez, por coincidencia, la persona que recibía la sentencia encontraba útil el consejo. "¡¿Cómo sabía el Juez que tengo este problema con mi esposa?!" y entonces pensaban que era un extraño sabio. Pero estos casos eran los menos. En su mayoría, las sentencias del juez caían en oídos sordos, como semillas en roca.

Porque ¿tú que dirías si una persona en la calle, a quien no conoces y nunca has escuchado, te diera una orden súbita e inesperada?

Incluso si lo que dijera resulta ser cierto... ¿por qué habrías de escucharle?

Si invertimos los roles, quizás sea más sencillo entenderlo. Trata de hacerlo al revés. Sal ahora mismo a la calle y busca una persona con sobrepeso. No será muy difícil. Acércate a ella, mírame a los ojos y dile: "tienes que bajar de peso".

¿Qué crees que pasaría?

No importa si hablas bien o eres un gran orador, o tienes corbata azul. ¡Lo más probable es que esta persona no reciba bien este mensaje! Que te grite "¿Y quién diablos eres tú?", te empuje a un lado y, si tiene una sartén a la mano, te la arroje a la cabeza.

Y sobre todo... es muy poco probable que cambie sus hábitos a partir de tu amable consejo. Habrás hablado, pero no habrás comunicado en lo absoluto, porque estás saltando el primer paso.

El primer paso en la comunicación es la relación.

Hablemos de burbujas.

Hemos decidido abandonar el esquema EMISOR → MENSAJE → RECEPTOR. Pero, sin lugar a dudas, un esquema visual nos puede ayudar a entender ¿qué es la comunicación?

La comunicación no es el acto de hablar, o de transmitir información. Entonces ¿qué es?

Partimos de la unidad básica: la persona. Todas las personas que conoces y que conocerás tienen una serie de dimensiones concéntricas: su dimensión personal, familiar, social, profesional, etcétera. Simplifiquemos esto afirmando que todas las personas vivimos en una "burbuja" que está hecha de nuestras dimensiones.

Esta es una persona.

Para que exista la comunicación se requieren, al menos, dos personas.

Estas son dos personas.

Hasta ahora, vamos bien. Continuemos: para que las palabras y los sentimientos puedan viajar e importar, necesitan una sustancia que los sostenga. Esta sustancia es la burbuja. Las palabras sólo viajan en las burbujas:

Estas son personas dos tratando de comunicarse, sin lograrlo.

No importa cuán fuerte hable esta persona. No importa si es un gran orador; si habla bonito o habla feo. Las burbujas separadas no conducen palabras: hay un vacío que las separa. ¿Qué podemos hacer?

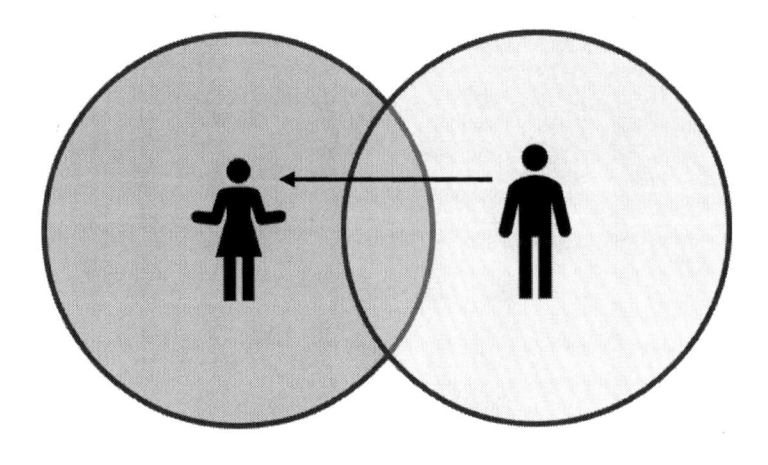

¡Eureka! Ahora la comunicación es posible.

Ahora es evidente: cuando las dimensiones de las personas se entrelazan, existe un espacio común en el que las palabras y los sentimientos se pueden compartir y tener peso.

La forma en que creamos estos espacios comunes determina en gran medida nuestra capacidad de comunicar, conversar, dialogar, escuchar y resolver problemas.

¿Te acuerdas de Julieta, la persona que no podía hablar con su hija adolescente?

Su historia es muy parecida a la de Mérida, la heroína de la película *Valiente* de Disney / Pixar. Si no la has visto ya, es excelente. Si ya la viste, recordarás que en la película, la princesa Mérida y su madre la reina no pueden entablar una conversación sensata: pelean todo el tiempo. La reina quiere que su hija se case con un príncipe, se comporte de cierta manera y acepte su destino. La princesa quiere ser libre y pasear en su caballo con su arco y flecha. ¿Quién tiene la razón?

La película resuelve de forma sensacional esta pregunta, haciéndonos notar que *la pregunta no importa*, porque *el problema no es el problema*: el problema es la relación.

En la película, Mérida lanza un hechizo que convierte a su madre en oso. ¿La única forma de revertir el hechizo? La hechicera lo sabe: *hay que restaurar el vínculo*.

Cuando Mérida restaura el vínculo (simbolizado en un tapiz que remienda segundos antes de perder a su madre), madre e hija aprenden a integrar sus dimensiones, sus "burbujas" y el problema deja de ser problema. Como en la relación de Julieta con su hija, lo que hacía falta no eran más argumentos, sino *reparar el vínculo*.

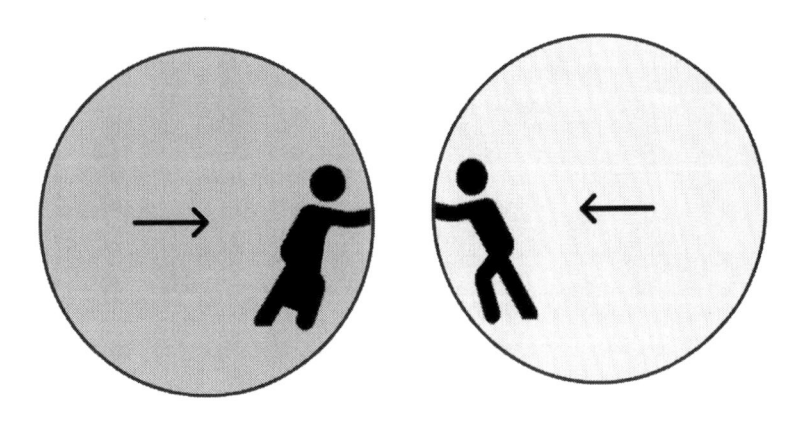

La solución de Mérida: Acercar las burbujas.

¡Esta fórmula funciona y es extraordinariamente poderosa! Funciona entre marido y mujer, entre padres e hijos, entre jefes y empleados, entre colegas; entre proveedores y clientes. Es decir: funciona entre seres humanos. **Para hablar, primero hay que conectar.** Para conectar, hay que entrelazar las burbujas.

> Si tu hija no te escucha, deja de argumentar y acerca las burbujas.

> Si tu mujer no te escucha, deja de argumentar y acerca las burbujas.

> Si tu cliente no compra, deja de argumentar y acerca las burbujas.

> Si ese problema no se resuelve, deja de argumentar y acerca las burbujas.

Puesto que todas las personas vivimos en nuestras respectivas burbujas, todas las personas que conocemos y la manera en que nos relacionamos con ellas se manifiesta en la manera en que nuestras burbujas se entrelazan:

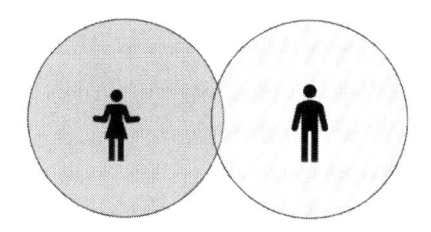

Colegas, conocidos.

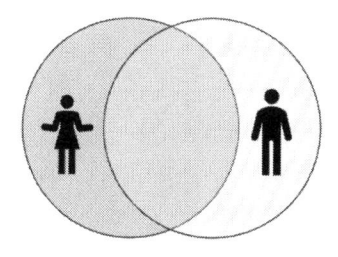

Familia, amigos cercanos.

Matrimonio, pareja: burbujas casi totalmente entrelazadas.

A veces las burbujas están tan separadas, que la comunicación resulta imposible. Es lo que sucede cuando dos esposos distanciados dicen "vivir como desconocidos". Es un sentimiento comprensible: sus burbujas están separadas y, antes de resolver cualquier otro problema (la educación de los hijos, las vacaciones o la tarjeta de crédito), deben invertir su energía en unir sus burbujas para crear espacios de comunicación.

¿Cómo se unen las burbujas?

1. **Las burbujas se unen, primero, con tiempo.** Pasar tiempo con otra persona activa las neuronas espejo que facilitan la empatía y la hacen parte de nuestras propias dimensiones. Por eso las amistades que no

se ven, eventualmente se pierden. No por falta de cariño, sino por falta de comunicación.
2. **Las burbujas se unen con elementos comunes:** pasatiempos, historias, gustos o experiencias. Buscar coincidencias es una manera efectiva de facilitar la conversación: "¿a ti te gusta esto? ¡a mí también!" Y las burbujas se acercan un poco más.
3. **Las burbujas se unen con detalles de cariño, servicio y amabilidad.** Cuando bajamos la guardia y percibimos a una persona como amigable -no amenazante- y agradable, entonces les permitimos entrar en nuestras dimensiones.
4. **Las burbujas se unen con contacto visual, físico y experencial.** Cuando tocamos, abrazamos o conectamos físicamente con otras personas; cuando compartimos miradas o cuando hacemos cosas juntos -especialmente si son divertidas o emocionantes, como un deporte, un juego o una buena obra de teatro- nuestras burbujas se acercan más y más.
5. **Las burbujas se unen cuando confiamos.** Existen diversos mecanismos de autoridad o confianza, que veremos a continuación.

¿Por qué te voy a escuchar a ti?

Es verdad que los seres humanos hemos desarrollado en un proceso de miles de años de evolución un lenguaje complejo y rico en palabras y significados. Cuando hablamos, usamos esta herramienta. Es una herramienta espectacular, porque es un código compartido que nos permite transmitir ideas complejas y fijarlas en materiales que duran más que la vida humana. Las palabras impresas –la escritura– es lo que permite la existencia de la historia, y nos da un asidero para tener una conciencia común a través de los siglos.

Las palabras son geniales. Pero los humanos nos comunicábamos muchísimo antes de tener palabras,

En el proceso de la evolución de nuestra especie, durante miles de años en que nuestro cerebro se estaba formando y desarrollando, los humanos y sus antepasados no tenían palabras, sino *señales* de distintos tipos: gruñidos, aullidos, gritos, golpes y movimientos. Incluso nuestro cuerpo evolucionó para dar estas señales. Cuando nuestros antepasados más peludos se enojaban, se emocionaban o se sentían amenazados, inflaban su vello corporal para aparecer más grandes y amenazantes, igual que hoy lo hace un perro o un gato. La "piel de gallina" que hoy todavía aparece a veces en nuestros brazos o nuestra espalda es un vestigio evolutivo de esta capacidad.

Estas ventajas evolutivas fueron apareciendo para lograr los dos principales objetivos de toda forma viviente: sobrevivir y reproducirse. Las partes más antiguas de nuestro cerebro están diseñadas para garantizar los instintos más primitivos ante la amenaza: huir, quedarse quieto o y nuestras primeras habilidades comunicativas siguen este mismo objetivo.

Para los primeros humanos, estar protegido y ser parte de una red de protección eran cuestión de vida o muerte. Las células primordiales de la sociedad humana –la familia, el grupo, la tribu- desarrollaron un lenguaje propio, y una serie de *señales sociales* para comunicarse unos a otros en dónde había comida; en dónde una cueva segura o un animal salvaje.

Muchos de los problemas actuales –como el racismo, el *chauvinismo*, las guerras interminables y hasta el fútbol- nacen de nuestro instinto primordial de pertenecer a una tribu... y desconfiar de otras.

Siglos de civilización y cultura nos han ayudado a comprender que las diferencias no siempre significan amenazas; a ver a toda la humanidad, con sus razas y sus culturas, como una sola tribu. Eso no cambia nuestro cerebro, que siempre desconfiará de otras tribus. Nuestro cerebro busca la tribu porque es nuestro seguro evolutivo.

Cuando una persona habla con otra o intenta comunicarse, los instintos primordiales se activan en el cerebro. **Nuestra primera reacción neuronal ante un mensaje no es preguntarnos si lo que dice es cierto; sino si la persona es o no de nuestra tribu**; si tenemos una relación. Es decir, si podemos o no confiar en ella.

Por eso **el primer paso en la comunicación es la relación.**

Taco de pie de mamut

Volvamos al mundo de los cavernícolas: un mundo en donde pequeñas tribus nómadas viajan buscando comida, cazando y recogiendo frutos. Imagina que tú eres parte de una de esas tribus. En ella tus padres, tus hermanos y tus amigos trabajan juntos y se cuidan unos a otros.

Pero un día, mientras persiguen un mamut a través de los valles de Norteamérica, en algún momento pierdes el paso, te confundes y te separas de tu tribu. Estás perdido. Y hambriento, porque no pudiste cazar al mamut. Los mamuts son deliciosos. Pero hoy no habrá mamut. Hoy estás perdido.

Caminas tres o cuatro días en completa soledad, hasta que una noche en que comienza a sentirse el cruel frío del invierno que se acerca, ves a lo lejos los destellos titilantes de una fogata. En torno a ésta, un grupo de cavernícolas comparten su cena. Hasta tu nariz llega el delicioso aroma del mamut a las brasas.

Ahora tienes que acercarte; no tienes opción. De otra forma, morirás; así que allá vas. Te acercas con cautela, tratando de no hacer ruidos o movimientos amenazantes.

Bajarás la mirada, en señal de sumisión, y caminarás con tiento. Tus gruñidos serán suaves y lastimosos. Estás pidiendo ayuda; vienes en son de paz. Lo más importante en estos momentos es **establecer una relación de confianza.**

El jefe de la tribu se acerca. Sabes que es el jefe, por la forma en que camina, y por el adorno que porta sobre la cabeza.

¿Cuál es su relación en este momento?

Ambos se perciben como humanos. Ese es un tipo de tribu. Buen comienzo.

Ambos se acercan con cuidado; tú bajas la mirada y pones las palmas de tu mano hacia arriba. Él baja la lanza. Es decir: tienen un lenguaje común. ¡Ese es otro tipo de tribu!

Conforme intercambian más gruñidos y señales, notan más y más coincidencias. Sus tribus no son muy lejanas. El cerebro hace su trabajo y dice a ambos: "aunque no lo conoces, parece ser de confianza". La tribu te acepta en su círculo y te da un taco de pie de mamut. ¡Te has salvado!

Además, han establecido una relación muy clara. Por lo pronto, al entrar en el círculo, de forma tácita, aceptas los "términos y condiciones" de la tribu que te recibe; aceptas al jefe como la autoridad y te avienes a las reglas que ellos dispongan.

Después –y solo después- de establecer la relación puedes tener mamut. Si de forma sorpresiva y sin decir ni "me llamo Grog" te acercas y tomas una oreja de mamut, lo más seguro es que te peguen en la cabeza con un mazo prehistórico y sea el fin de tus días.

Es la ley de la comunicación cavernícola. No puedes comer mamut si no tienes una relación. Y en este aspecto, todos seguimos siendo cavernícolas.

Solo escuchamos a aquellas personas con las que tenemos una relación de confianza; y confiamos más en tanto que la relación se acerca a niveles más altos de autoridad técnica y moral.

No todas las relaciones son iguales.

En nuestra vida diaria ¿qué tipo de relaciones existen, y cómo se manifiestan en términos de autoridad? Existen cinco niveles de autoridad que operan de forma distinta: Autoridad difusa, formal, implícita, técnica y moral.

Vamos por pasos.

- **Nivel 1. Autoridad difusa:** Especie, lenguaje, cultura.

Si yo te pregunto ¿confías en todas las personas? Probablemente me contestes que no; o que depende de quién, cómo, dónde. Sabemos por dolorosa experiencia que no todas las personas en el planeta (y las diez o doce que viven en el espacio) son de confiar. De hecho, algunas activamente nos harán daño en determinadas circunstancias. Hay ladrones, traidores y asesinos.

Y sin embargo, en un entorno distante, estamos dispuestos a admitir en nuestra confianza a cualquier persona que percibamos como de nuestra tribu, aunque no la conozcamos.

Si has viajado al extranjero, seguramente tienes esta experiencia. Quizás estás en la calle en París, en Dubái o en Marruecos. De pronto, entre el barullo de la gente percibes algo familiar: alguien está hablando tu idioma.

Te acercas. "¿De dónde eres?" y él o ella contesta "¡De México!". Tu sonrisa se expande al máximo. "¡También soy mexicano!" y no se requiere nada más. A los pocos minutos están bebiendo tequila (alguno siempre trae tequila en la mochila) y abrazados cantando "Cielito Lindo". En el extranjero, ser mexicanos es ser amigos; aunque en México quizás no lo serían, y quizás nunca se vuelvan a ver.

El lenguaje mismo instituye una relación tribal; y si en un viaje a China encuentras de pronto un letrero en tu idioma, llamará tu atención poderosamente y confiarás en él instintivamente. Nos gusta tratar con quien habla nuestro idioma; no solo porque podamos entenderle (quizás entendemos otro idioma común, como el inglés), sino porque nuestro cerebro reconoce una tribu y baja la guardia. En un mundo en donde nadie habla tu idioma, el único que lo haga se convertirá en tu socio inmediato.

Podemos comunicarnos con aquellos en quienes confiamos. Y viceversa.

La humanidad es una tribu muy grande que ha ido logrando más y más unidad a través del lenguaje, la globalización, el internet, etcétera.

De cualquier forma, lo primero que debes hacer para conectar y comunicar con alguien es establecer una relación, que parte de un mismo lenguaje. Uno pensaría que esto es evidente, y sin embargo te pregunto...

¿Hablas siempre el mismo lenguaje que tus hijos?

¿Hablas siempre el mismo lenguaje que tu esposo?

¿Hablas siempre el mismo lenguaje que tus colaboradores?

En muchos casos, los malentendidos y los problemas de comunicación nacen de una fundamental disonancia en el uso del lenguaje.

¿Quieres que tu esposa/ jefe/ hijos/ auditorio/ clientes te escuchen? Entonces necesitas entender y hablar su lenguaje. De otra forma estarás hablándole a una pared.

La manera en que hablas, vistes, te mueves; la cultura que consumes, los gestos, los chistes. Todo esto también transmite la tribu a la que perteneces.

Por eso es por lo que, al hablar con un público que no te conoce, la vestimenta es tan importante. Al no conocerte personalmente, lo único que ven, lo primero que perciben y juzgan es ¿esta persona pertenece a mi tribu? ¿Es el tipo de persona en la que puedo confiar? Las reglas de vestimenta y etiqueta se definen en la tribu, y es tan grave ir con pantalones cortos a una reunión de banqueros, como llevar corbata a una reunión de *skaters*.

Cada tribu habla su lenguaje en distintos niveles; no solo en palabras, sino en actitudes, formas, marcas y *hobbies*. Pensar que esto no importa es cerrar los ojos a lo evidente: escuchamos a las personas que percibimos como parte de nuestra tribu; y ellas nos escuchan a nosotros también.

Todo esto es así porque, como hemos visto, la comunicación es la relación. Si tus empleados, tus hijos, tus alumnos no te escuchan, de nada sirve gritar más fuerte. De nada sirve tomar clases de oratoria. Hay que hacer una pausa y trabajar antes en la relación.

En una anécdota famosa, incluida en la famosa biografía de Steve Jobs escrita por Walter Isaacson, durante los años 70, cuando Apple era apenas una compañía naciente, un joven Jobs trató de vender parte de sus derechos al gigante ATARI. La oportunidad se presentó en la forma de una cita con el presidente de la empresa, Joe Keenan. Pero las cosas no salieron como esperaban.

Steve Jobs se presentó a la reunión con una higiene espantosa (Jobs creía innecesario el bañarse, por ser "frutariano"), totalmente mal vestido, con el pelo desaliñado y dejando tras de sí un aroma inconfundible de sudor agrio. Durante la entrevista, se quitó los zapatos y en algún momento, tuvo el descaro de subir sus pies apestosos en el escritorio de Keenan.

"No solo no les vamos a comprar", gritó Keenan "¡baja tus pies de mi escritorio!". Y allí se acabó el negocio.

Claro; Apple después se convertiría en un éxito sin precedentes, y la anécdota suele contarse como ejemplo de las oportunidades que dejamos pasar. Pero seamos claros: Joe Keenan no hizo nada malo ni extraño: ni siquiera fue capaz de escuchar la propuesta de Jobs, porque Jobs parecía un vago de la calle. Actuó como cualquier persona lo hubiera hecho. En este caso, Jobs fue el que perdió el cliente, el negocio y su propia dignidad.

Después el mismo Jobs se convertiría en un experto legendario, tanto en imagen de producto como en imagen personal. En 2004 cambiaría la historia del mundo al presentar el iPod... vestido, bañado y con zapatos.

Cuidar tu imagen no significa vestirte igual a todos, ni usar siempre *smoking*. La buena imagen permite un amplísimo margen para el estilo propio y hasta para la rebeldía. Steve Jobs no usaba corbata y solía llevar unos zapatos deportivos (a diferencia de sus competidores, que usaban siempre traje y corbata). Era una forma estilizada de rebelarse y de transmitir innovación, juventud y estilo. Su imagen se convirtió en leyenda... y la leyenda en un ícono.

Jobs no solo aprendió a vestir. Aprendió a ser parte de una tribu... y después se convirtió en su líder.

- **Nivel 2 - Autoridad formal o jerárquica:** Jefe, gobernante, maestro.

Confiamos, en principio, en quienes detentan la autoridad formal.

La sociedad ha evolucionado y, por practicidad y eficiencia, ha desarrollado señales sociales que implican una confianza impuesta, evidente u obligatoria.

No son lo mejor, pero sí son muy necesarias.

Los reyes, los gobernantes; la policía o los maestros están imbuidos con autoridad formal. Tienen sobre sus hombros la difícil tarea de decidir y mandar sobre otras personas. Es, en verdad, una gran responsabilidad.

En términos de confianza, la credibilidad de la autoridad formal depende del entorno cultural y social en que se desarrolla. En algunos países, por ejemplo, los políticos gozan de credibilidad, autoridad y prestigio. En otros... no tanto.

Lo mismo pasa con la policía. En ciertos entornos, la policía se percibe como preparada, responsable, recta y servicial; mientras que en países más corruptos se llega a percibir como una amenaza.

En la familia, los padres gozan de autoridad formal. Por ley natural y ley humana, los hijos deben obediencia a sus padres; pero cualquiera que tenga hijos atestiguará que esta sola autoridad no es siempre suficiente. Las herramientas de la autoridad formal son, primero la jerarquía; en segundo lugar, el incentivo; en última instancia, la fuerza.

En la empresa, el jefe tiene autoridad formal sobre sus empleados. Esto funciona hasta cierto nivel, pero no garantiza lealtad ni obediencia. Por supuesto, el jefe puede subir los sueldos, dar bonos o despedir a un empleado. Las herramientas se hacen presentes: jerarquía, incentivo y fuerza.

Si de comunicación se trata, la autoridad formal posee magníficas herramientas que han de complementarse con otros tipos de autoridad: implícita, técnica y moral. De otra manera, puede perderse toda la ventaja. Es lo que pasa, por ejemplo, cuando los empleados perciben a su jefe como abusivo; los alumnos a su maestro, como ignorante; los hijos a sus padres, como hipócritas.

Aunque *tienen* que obedecer y escuchar, en cuanto el jefe dé la espalda, harán lo que quieran. La autoridad formal es necesaria, pero tambaleante ante la falta de autoridad moral. Hasta los reyes más poderosos y los CEOs más ricos pierden la cabeza (a veces, literalmente) cuando carecen de confianza y lealtad.

En más de un sentido, la cabeza de una organización establece el estilo de Comunicación que se vive en una empresa. La comunicación crea cultura (para bien o para mal), y la manera en que un jefe se comunica con su equipo determina la potencia, lealtad y creatividad con la que resolverán los retos que han de enfrentar juntos.

La tarea del jefe -en palabras de Darlene Price, autora del libro *¡Bien Dicho! Presentaciones y Conversaciones que dan Resultados*- consiste en **poner a las personas correctas en los lugares correctos... y permitirles el éxito**. Los empleados que perciben que su jefe desea su éxito están dispuestos a escuchar.

Entre el líder y su equipo existe una larga conversación. De fondo, no basta que el jefe indique un rumbo y dé órdenes (ambas cosas, necesarias), sino que, si quiere alcanzar el éxito en su empresa, ha de aprender a desarrollar una relación humana que favorezca el crecimiento de todos los involucrados.

Por eso se ha dicho, con perfecta razón, que los empleados no renuncian a las empresas, sino que renuncian a sus malos jefes. No siempre por mala intención, sino quizás por falta de conocimiento, muchos directores optan por una comunicación directa, agresiva y autoritaria, pensando que demuestran poder y control. Estos jefes pronto se encontrarán solos y en una empresa ineficaz. Hay una forma distinta de conectar.

En sociedades muy primitivas, el rey es la persona más fuerte de la tribu. Simple. Su autoridad se basa solo en la fuerza y el miedo al castigo. Basta con que aparezca una persona más fuerte para derribarlo, en un ciclo que se repite *ad infinitum*. La autoridad formal o impuesta debe, si quiere ser eficaz, duradera o trascendente, revestirse de otros tipos de autoridad.

Si no vives debajo de una piedra, has visto en televisión o cine la clásica escena en donde dos policías interrogan a un terrible sospechoso, y utilizan la técnica del "buen policía, mal policía". Aunque existen cientos de técnicas que el FBI y la policía usan para extraer información, ésta es la más famosa.

La técnica de interrogación implica a dos policías; uno "malo" que amenaza, agrede y grita al sospechoso ("¡O hablas ahora o pasarás el resto de tu vida en la cárcel, canalla!") y otro policía "bueno", que crea un vínculo de confianza y amistad ("Mira, no queremos dejar a tus hijos en la calle. Queremos ayudarte. Podemos salir juntos de esto, ¿quieres un café?"). Si bien la representación en televisión no es exactamente igual a lo que pasa en la vida real, consideremos esto:

Los policías ya tienen autoridad formal. Son policías. Por ley, el sospechoso debería colaborar con ellos. Aun así tienen que crear una relación con el "canalla" antes de poder hablar con franqueza. Lo mismo pasa con cualquier autoridad en la familia, en la empresa, en la política. Solo porque alguien "deba" hablar contigo no significa que lo hará.

Insisto: no hay nada de malo en el concepto mismo de autoridad formal. Existe en la naturaleza, en la familia y en la sociedad y es absolutamente necesaria para mantener el orden y evitar el caos. Pero no es una relación de conexión, sino de fuerza, que tiene límites muy claros. "No logro conectar con mis hijos", "Mis empleados no me escuchan", "No puedo conectar con mi audiencia". Todas las limitaciones en tema de comunicación surgen de esta confusión. La respuesta suele ser la misma: revisa tu relación.

Es de todos conocido que el **multimillonario Warren Buffet** decidió, cuando su carrera apenas empezaba, tomar un curso de comunicación y oratoria con el mítico Dale Carnegie. En palabras de Buffet "ha sido la mejor entre todas mis inversiones. Los 100 dólares que pagué por ese curso cambiaron por completo mi vida".

Entre otras cosas, Buffet aprendió pronto de la importancia de la empatía y del elemento humano en la comunicación. Muy poco hay de "mecánica" en la **oratoria**. En el fondo siempre se trata de personas hablando con personas, y entender esta dinámica te llevará mucho más lejos que solo salir con vida de tu siguiente presentación en público.

De hecho, la capacidad para hablar en público es solo un corolario –que se puede aprender y perfeccionar- de nuestra habilidad para hacer que otras personas confíen en nosotros.

¿Cómo crear una relación con quien no desea tenerla? Agunas veces la autoridad por sí sola no basta para tender puentes de comunicación. Tal es el caso de los agentes que han de interrogar a espías extranjeros o a terroristas sospechosos.

Jack Schafer es un profesor de la Universidad del Oeste de Illinois y **ex agente especial del FBI**. Hace algunos años publicó un libro ("*The Like Switch*") en que descubre las técnicas avanzadas de comunicación que emplean los agentes para conseguir información de criminales, terroristas o nacionales de potencias enemigas. A pesar de lo que las películas y series con Kiefer Sutherland puedan hacernos creer, la mejor información no proviene de agentes maniáticos disparando balas, sino de gente preparada y experta en la comunicación. No hay mejor información que la que proviene de alguien que "quiere" hablar.

El sistema del FBI busca crear confianza entre personas que no la tienen y sigue cuatro pasos: proximidad, frecuencia, duración e intensidad.

Proximidad: antes del primer contacto, procura que la persona te vea varias veces en su entorno natural, formal o informal. Si atiendes de forma regular ciertas reuniones de empresarios, a ciertos clubes, parques, eventos o restaurantes, incluso si no hablas con nadie, poco a poco las personas te irán ubicando como "uno de ellos" y será más fácil hablarles.

Frecuencia: mientras más contacto tengas con una persona, mayor la posibilidad de confianza. Si una persona te ha visto tres veces en pocos meses (aunque no hayan hablado), podrás buscarla y proponer un negocio o proyecto. Por eso siempre se dice que el 50% del éxito consiste en aparecerse.

Duración: poco a poco ve aumentando la duración de los encuentros. Entre un saludo con la cabeza y una charla de tres minutos puede haber varios encuentros. Claro: si tu prestigio te precede, esto será más sencillo. Las personas confían más en las personas con las que pasan más tiempo, independientemente de su sexo, edad o condición.

Intensidad: cuánto te recordarán y qué tanto confían en ti tiene que ver con la intensidad o la forma en que satisfaces las necesidades psicológicas de tu interlocutor.

Así que ya lo sabes: aún las personas con mayor autoridad formal en el mundo necesitan... crear relaciones. No hay forma de darle vuelta a esta, la primera regla de la comunicación.

- **Nivel 3- Autoridad por admiración:** Estilo, belleza, fama, imagen, referencia.

Escuchamos a quienes conocemos. Pero escuchamos más a los que admiramos.

La admiración es una palanca potente en el entorno de la comunicación. Es una palanca que no necesariamente obedece reglas lógicas, o que tenga sustento en un argumento, en la realidad o la verdad. Es primordialmente una palanca emocional.

Y las emociones, por Dios, son potentes.

Yo tengo dos hijos varones; de 5 y 2 años, respectivamente. De manera instintiva, el de 2 admira al de 5, y hace todo lo que él diga, ciegamente. *Quiere ser como él.* Si el grande se tira de la cama; si se porta bien o mal; si le gusta una canción, entonces el chico brincará, se portará y bailará.

Esto no es porque el de 5 esté manipulando al de 2, sino porque la admiración es la forma natural de referencia que tenemos todos los seres humanos.

Conforme los niños crecen, va perdiendo más y más relevancia la autoridad formal (la de los padres) y ganando más y más la de admiración y referencia: otros amigos, figuras públicas, famosos, deportistas, etc. Los seres humanos necesitamos alguien a quién admirar, alguien que nos enseñe cómo podemos ser lo que quisiéramos ser.

Escuchamos a quien admiramos.

Algunas veces admiramos a personas valiosas.

Algunas veces admiramos a imbéciles.

Pero igual los escuchamos.

El gran problema radica en que la admiración hacia una persona en virtud de un área o cualidad real suele extenderse a *toda* la persona. Esto es ilógico. Pero así es.

El 21 de septiembre de 2016, durante el proceso de elección de presidente de los Estados Unidos, un video publicado en *YouTube* se hizo viral en pocas horas. En este video, docenas de personas "famosas" tratan de convencerte de la importancia de tu voto, de la democracia y, sobre todo... de no votar por Donald Trump.

El video se titula *"IMPORTANT"* y cuenta con actores como Robert Downey Jr., Scarlet Johannson, Don Cheadle, Mark Ruffalo, Martin Sheen, James Franco y otros más.

El hecho de que sean ricos o famosos no significa que sean expertos en política, economía o ciencias sociales, así que esto no debería tener peso alguno.

Pero lo tiene.

Esta autoridad es distinta a la autoridad del experto. Es, sencillamente, la autoridad percibida de la fama. Tendemos a creer lo que nos dicen las personas que son famosas o exitosas (en lógica, esto se reconoce como un tipo de falacia: *Argumentum ad crumenam*), porque las admiramos y, en el fondo, nos gustaría ser como ellas.

Esto lo saben todas las agencias de publicidad del planeta, que contratan famosos para vender productos de cualquier tipo. No importa que el producto no tenga relación alguna con lo que hace el famoso. Por ejemplo: Michael Jordan promovía tenis marca *Nike*, así como bebida energética *Gatorade*. Esto tiene *cierta* lógica, porque Michael es un atleta y, obviamente, experto en basquetbol

Pero también Michael vendía: perfumes, baterías, cereales, lentes, hamburguesas, ropa interior y restaurantes.

¿Qué sabe Michael de perfumes o calzones? Probablemente lo mismo que tú o yo: casi nada; pero eso no impidió que las marcas registraran millones en ventas al ser promocionadas por un personaje famoso.

Michael está lejos de ser el único famoso que vende cosas que no tienen nada que ver con su experiencia. Deportistas, artistas y modelos venden todo tipo de cosas. Y nosotros las compramos.

De hecho, con el advenimiento del reinado de las redes sociales, nos encontramos con el fenómeno de los *influencers*; personas cuya experiencia no se sustenta en talento alguno. Son famosas *porque* son famosas, y ese es su trabajo de tiempo completo. ¿Has oído hablar de Kim Kardashian?

Kim cobra cada año decenas de millones de dólares promoviendo productos y servicios. Y ella es solo la punta del iceberg. Es un monstruoso negocio global de autoridad basada en la fama.

Otras características funcionan igual. Engañan al cerebro creando confianza a partir de una percepción agradable o atractiva.

Por ejemplo; instintivamente confiamos más en una persona hermosa que en una poco atractiva. Confiamos más en un rico que en un pobre, y en alguien con apariencia de éxito más que en un perdedor. Nos gusta escuchar a personas bien vestidas (o que visten como nosotros), agradables a los sentidos, con buen aroma y con una amplia sonrisa Colgate.

Esto puede explotarse para mal, o usarse para el bien.

De fondo, cada vez que tú tratas de comunicarte con una persona, considera que ésta, de forma inmediata, está juzgando (subconscientemente) la relación que tiene y que le gustaría tener contigo.

No solo la imagen que proyectas importa. Cómo te vistes, qué colores usas, qué peinado elegiste hoy. También la manera en que te mueves, cómo hablas, qué palabras usas. Todo esto da a tu interlocutor una percepción que te ubica en un plano de deseabilidad y admiración.

Las personas no escucharán una sola palabra de lo que dices hasta que hayan decidido que "vales la pena", y que escucharte les reportará algún bien.

Tus hijos en casa ¿Te admiran, o te soportan?

Tus empleados ¿Te ven como ejemplo, o te toleran a la fuerza?

Tus alumnos ¿Te respetan, o solo te aguantan?

La respuesta a estas preguntas es solo la primera parte de rangos de autoridad más amplios y profundos.

Para quien no te conoce, la primera impresión (los primeros diez segundos) son vitales. Para quien ya te conoce; tu fama, éxito, prestigio y atractivo son fundamentales.

La autoridad por admiración es poderosa. Pero aún podemos ir más lejos.

- **Nivel 4 - Autoridad técnica:** Estudios, experiencia, demostración.

Tres pregunta.

¿Estás seguro de que Neptuno existe?

¿Alguna vez has tomado una aspirina?

¿Has usado una calculadora?

Si tu respuesta a cualquiera de estas preguntas es "sí", entonces entiendes el sencillo concepto de autoridad técnica.

Tú nunca has ido a Neptuno, ni lo has visto, ni te consta realmente que exista. Crees que existe porque te lo han dicho. Los libros, las películas, tus profesores y hasta la NASA. Creemos lo que no vemos, porque creemos que hay expertos y científicos; personas que saben más que nosotros sobre ese tema y, por tanto, podemos confiar en ellos a un nivel casi absoluto de certeza.

¿Podrían estarnos engañando? Hay gente que lo cree. También podrían equivocarse, claro, pues son humanos. Pero su autoridad técnica, autoridad de expertos, es suficiente para que creamos y vivamos con esa certeza.

Si usas aspirina es porque confías en que la empresa y los científicos que la desarrollaron saben lo que están haciendo. Si un doctor te receta una nueva medicina, tú decides creer en tu doctor, la farmacéutica y la sociedad que autoriza a ambos. Realmente no tienes forma de saber si la medicina funciona, hasta después que la has probado. Es un riesgo que estás dispuesto a correr porque existe confianza en una autoridad técnica.

¡Rápido! ¿Cuál es la raíz cuadrada de 546,789? A menos que seas alguna especie de genio matemático, no sabrás la respuesta hasta que tomes una calculadora y ésta te de la respuesta (Es 739.45). Crees que la respuesta es correcta porque confías en la autoridad de aquellos que programaron esa calculadora. Solo lo sabes porque alguien que dice que sabe te lo ha dicho. Es un acto de confianza en la autoridad técnica.

Nuestra vida sería imposible si no confiáramos en expertos para decirnos cómo son las cosas o qué hacer con ellas. Cada vez que usas tu auto, vistes tu ropa, comes tu comida, sales a la calle, prendes un foco, enciendes la tele, te subes a un avión, te lanzas de un paracaídas, viajas a otro país… obras en función de tu confianza en la autoridad técnica de alguien.

La autoridad técnica produce alta certeza. A la pregunta ¿por qué debería escucharte? Responde: porque sé.

Otro tipo de autoridad técnica es la experiencia personal, que incluso puede ser más poderosa que la experiencia científica. Las experiencias personales y las historias que estas producen son una de las herramientas más demoledoras en el entorno de la comunicación.

Muchas veces, basta el testimonio suelto de una persona para ponernos a dudar de la experiencia de mil expertos. Si tu doctor te dice: "toma aspirina", la tomarás. Pero si antes de hacerlo, tu hermano te dice… "espera, ¡no lo hagas! Cada vez que he tomado aspirina me sale sangre por las orejas. ¡Créeme! No importa lo que diga la caja: *yo lo he vivido en carne propia*"… es casi inevitable que dudes un poco.

La experiencia personal como fuente de confianza evita el método científico y cae en peligro de caer en una grave falacia: crear una regla a partir de un solo o muy pocos casos.

Y sin embargo, la experiencia personal es una fuente poderosísima de autoridad en la comunicación, y en nuestro cerebro se registra como una autoridad técnica casi perfecta. Nos gusta escuchar a las personas que han vivido la experiencia.

Si hay una conferencia sobre el monte Éverest ¿a quién preferirías escuchar? ¿A un geólogo experto en montañas, o a un hombre que subió hasta la cima? ¡Seguramente la del montañista será más emocionante, emotiva e inspiradora! Pero probablemente el científico tendrá más datos, más opciones y más utilidad práctica.

Si el tema de la conferencia es el espacio ¿a quién prefieres escuchar? ¿A un profesor experto en la luna, o a un Astronauta que ha estado en la luna?

El formato actual más popular en conferencias se llama *TED* talks y utiliza la experiencia personal como el catalizador ideal para establecer autoridad. La inmensa mayoría de los *speakers* no son "expertos", **sino personas que tienen una historia que contar.**

La autoridad por experiencia tiene un valor agregado: es altamente emotivo. Como veremos en el siguiente capítulo, solamente esto es suficiente para que tenga éxito la mayoría de las veces.

En un mundo de robots, la autoridad técnica, la de los expertos, sería la más importante. De hecho, sería la única. Pero los seres humanos no somos robots: nuestro cerebro sopesa muchas variables al escuchar y tomar decisiones.

Ojo: no estoy diciendo que una sea mejor que la otra. Simplemente considera que, cuando estás hablando con alguien, es ideal que cuentes con algún tipo de autoridad técnica que te autorice para hablar del tema.

Por el contrario, si la persona que te escucha considera que no eres experto ni tienes experiencia ¿por qué habría de escucharte?

Y recuerda: "¿por qué habría de escucharte?" Es la primera y más importante pregunta en cualquier proceso de comunicación. Si no hay confianza, ninguna técnica de oratoria o mercadotecnia te sacará del agujero de la indiferencia.

- **Nivel 5 - Autoridad moral: Prestigio, virtud, amor, amistad.**

Podemos creer en expertos, en famosos y en personas que hablan nuestro idioma. Pero sobre todo creemos en aquellos que sabemos que se preocupan por nosotros; que nos entienden; que siempre dicen la verdad; que siempre están a nuestro lado.

Creemos en aquellos que nos aman y, sobre todo, en aquellos a quienes amamos. Incluso si fallan, podemos perdonarlos y seguir creyendo en ellos mientras la relación exista.

Entre todos los tipos de autoridad, la autoridad moral es la más definitiva y poderosa, y es a la que debemos aspirar si es que queremos mejorar la vida de otros.

Escucha: es aquí donde fallan los políticos, los jefes y miles de padres en todo el planeta.

A la mayoría de las personas no les importa si sabes o si tienes la razón. **Primero, les importa saber que a ti te importa.** Que les importas, y que lo demuestras con tu vida, tus hechos y tus palabras.

Dependiendo del entorno en que la comunicación suceda, lo primero a considerar es el prestigio moral de la persona que habla. ¿Es una persona honesta, seria, amigable, honrada? ¿Es una persona confiable, bondadosa, caritativa?

El experto más experto se torna en villano cuando no es honesto. Como todos los científicos malvados de las películas de James Bond, no basta ser un genio: además hay que ser bueno. De otra forma, es imposible ser escuchado, convencer o comunicar.

No importa lo que te diga la televisión: **Tener la razón nunca es suficiente.** En la famosa serie Dr. House, dicho doctor es un verdadero genio, que siempre logra diagnosticar los casos que parecen imposibles. También es egocéntrico, manipulador, narcisista, agresivo, violento, racista, misógino, mentiroso, ladrón y, en general, absolutamente insufrible. Trata a todos con la punta del pie y abusa de su confianza en cada ocasión. En la televisión todos le aguantan sus vicios porque es un genio y siempre se sale con la suya.

El programa es de lo más entretenido; pero en la vida real, Gregory House estaría sin trabajo, sin casa y sin amigos en tres semanas.

¿Por qué? **Porque la comunicación es una relación.** Solo puedes hablar a las personas que te escuchan, y solo te escuchan las que confían en ti. Y solo confían en ti aquellas con las que compartes una relación en donde tus palabras tienen alguna autoridad: difusa, formal, de admiración, técnica o moral.

Pero he aquí el truco.

Puedes tener autoridad técnica, pero no formal, y ser escuchado.

Puedes tener autoridad formal, pero no técnica, y ser escuchado.

Puedes tener autoridad moral, pero no técnica ni formal, y ser escuchado.

Pero si careces de autoridad moral, entonces ni la formal, ni la fama, ni la técnica servirán de nada. Si careces de autoridad moral, es imposible para ti la comunicación.

Con tus hijos, tus alumnos, tus empleados o tu audiencia, lo más importante y lo que debes cuidar por encima de todo es tu autoridad moral.

¿Cómo?

- Cuidando tus palabras.
- Cumpliendo tus promesas.

- Hablando bien de otros.
- Comportándote con lealtad.
- Siendo de una pieza.

¿Cómo decir a tus hijos que no fumen, si tú fumas? ¿Cómo pedir a tus empleados puntualidad, si tú llegas tarde? ¿Cómo pedir a tu hijo que diga la verdad, si tú le has mentido cien veces?

La autoridad moral se refiere al carácter de la persona que habla y comunica. Las personas que gozan de un alto prestigio moral arrastran multitudes, porque sus actos dicen mucho más que sus palabras.

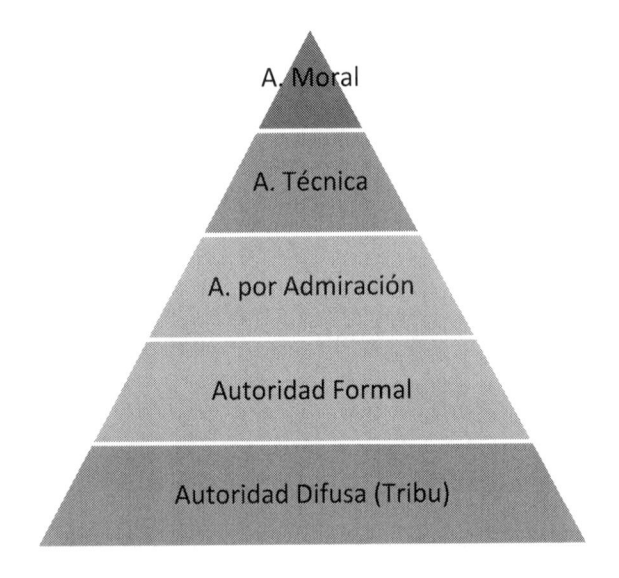

- A. Moral
- A. Técnica
- A. por Admiración
- Autoridad Formal
- Autoridad Difusa (Tribu)

Escala de autoridad en la comunicación

Ante la pregunta ¿y por qué habría de escucharte?,

- La autoridad difusa responde: *porque soy de tu tribu.*
- La autoridad formal responde: *porque puedo.*
- La autoridad de fama responde: *porque tengo.*
- La autoridad técnica responde: *porque sé.*
- La autoridad moral responde: *porque soy.*

Es en el entorno de la autoridad moral en donde las charlas tienen la potencia para cambiar la vida y el camino de las personas. En la cercanía de la confianza, en donde no hay mentiras, en donde hay transparencia, generosidad y carácter.

El alma humana está absolutamente hambrienta de conversaciones reales con personas de carácter. Solo con la aguja de la confianza moral puede tejerse la bandera de la conexión.

Y en este mundo, todo el mundo habla, pero muy pocos conectan.

Piensa en las tres o cuatro conversaciones que han cambiado tu vida. Estoy seguro que puedes recordarlas, porque ese tipo de conversaciones nunca se olvidan. Yo tengo claras en mi memoria conversaciones específicas con mi madre, mi padre, mis hermanos, mis hermanas, mi abuelo; con dos o tres maestros; con no más de tres amigos. Personas que me han demostrado una y mil veces que me quieren, a quienes admiro y sé que me dicen la verdad aunque duela.

Recuerda: Hablar "bonito" es absolutamente secundario. Es útil, pero es accesorio. La comunicación que nos dibuja la vida no requiere de escenario ni micrófono. Requiere de una relación de confianza.

¿Cómo construyo esta confianza?

En su libro *Retórica*, Aristóteles plantea el *Ethos* como la primera y más importante condición para poder convencer a las personas. *Ethos* es una palabra griega que se ha traducido, precisamente, como "autoridad" o "carácter". Aristóteles lo sabía hace más de 2,300 años, y era tan cierto entonces como ahora.

> **Regla de oro de la comunicación:**
> Lo importante no es lo que se dice, sino quién lo dice.

Esto tiene distintas consecuencias y su aplicación práctica varía dependiendo del entorno en donde se realiza la comunicación.

No es lo mismo, por ejemplo, una relación entre padres e hijos, en donde la autoridad moral se construye a lo largo de toda una vida, que una relación jefe-empleado, en donde la autoridad moral se va forjando poco a poco, en mucho menos tiempo. Aún más claro ¿cómo logramos establecer una relación de confianza y autoridad con los que no nos conocen en absoluto?

Para un orador o un conferencista, esto resulta vital, porque las personas que están en la audiencia, en su mayoría, no le conocen, ni saben si es honesto, transparente o caritativo.

Un orador, un vendedor, un conferencista, tienen apenas unos segundos para crear una relación de confianza con una persona. ¿Cómo podemos hacer esto?

¿Cómo iniciar un discurso?

Todos hemos tenido que presentarnos frente a un auditorio por una u otra razón: para dar un discurso, ofrecer un brindis o presentar un negocio. Si eres un emprendedor, entonces tendrás que persuadir a socios e inversionistas y, desde luego, vender tu producto o servicio.

Hablar en público es uno de los miedos y fobias más persistentes, y no sin razón: el instinto de supervivencia toma control de nuestro cuerpo y nuestra mente cuando nos sentimos inseguros, amenazados o bajo estrés, y la amenaza del costo social es una de las más acuciantes. Así como sabemos que casi todos sufrimos de algún nivel de pánico escénico, también sabemos que se puede educar y controlar para entregar discursos humanos, potentes y efectivos.

Una de las preguntas más prevalentes en los cursos y capacitaciones de oratoria y comunicación es esta: **¿Cómo debo iniciar un discurso?**

Es una pregunta importante, porque los primeros segundos de un discurso establecen su estilo y su ritmo y, sobre todo, forjan una relación emocional entre los participantes. A fin de cuentas, recuerda que el auditorio no podrá "conectar" con tu producto o tu propuesta si antes no ha conectado contigo a nivel personal: **escuchamos a aquellos en quienes confiamos, y confiamos en aquellos con quienes tenemos una relación.**

Hay muchas formas de iniciar un discurso. Una de las más utilizadas es usar una frase de alguna persona famosa (Benito Juárez, Mahatma Gandhi o Martin Luther King, Jr., etc.) para dar "seriedad" e impacto a la presentación. En mi opinión, esta opción es ideal en un concurso escolar, pero rara vez funciona en una presentación de negocios. Por lo menos no así.

Otra muy socorrida es contar alguna broma, chiste o hacer un comentario gracioso, porque si la audiencia ríe, eso significa que vamos bien. Es una forma de conectar. **¡Esto es correcto!** Dos personas que ríen juntas se conectan casi inmediatamente, alinean sus neuronas y se colocan de forma casi automática en el mismo lado de la ecuación. El problema con esta aproximación es que es de **altísimo riesgo, pues tan valioso es un chiste bien contado... como desastroso uno mal contado.** Como asesor de comunicación, recomiendo el humor como arma de ataque solo para aquellos que son excelentes contadores de chistes, o que ya tienen una relación previa con la audiencia. Nada hay más incómodo que el silencio que sigue a un chiste que no dio en el blanco. Evítalo a toda costa.

La opción que parece segura, y que encuentro en la mayoría de las presentaciones es, simplemente, presentar el tema y empezar a hablar. "Hola, gracias por recibirme, hoy vamos a hablar de la versatilidad de nuestros paneles solares..." y listo. **Es una opción de bajo riesgo, pero también de muy bajo impacto, porque favorece el argumento sobre la relación.** Es, sencillamente, comunicación mediocre.

Pero hay otra opción que, si bien no es la única, es la más efectiva en casi todos los casos; es relativamente sencilla, de gran impacto y una de las mejores formas de controlar el pánico escénico mientras se forja una relación real: el contar una historia.

Nuestros cerebros evolucionaron para contar historias mucho antes que aprendieran a escribir o a describir procesos abstractos. Las historias se forjaron alrededor de fogatas en las cuevas de los hombres primitivos.

Las historias funcionan. Es así de sencillo. Y lo hacen por varias razones:

Las historias mueven las emociones.

Los seres humanos somos, en verdad, máquinas emocionales más que racionales: casi el 90% de nuestras decisiones son tomadas desde el centro emocional del cerebro. Las historias tienen elementos que conectan las estructuras neuronales que organizan nuestros sentimientos: tienen personajes, retos, sorpresas, soluciones.

Las historias no solamente informan, sino que inspiran y mueven a la acción. De poco sirve "convencer" con argumentos si el auditorio no hace algo al respecto.

Las historias se identifican con el que escucha.

Dos personas que escuchan la misma historia no oyen exactamente lo mismo. Cuando escuchamos o vemos historia, cada uno de nosotros conecta y se identifica con aquello que le hace más falta. Contar historias es, en un sentido, como "hablar en lenguas", **pues cada uno toma de la historia lo que necesita.**

Cuando escuchamos una buena historia podemos decir "esto es justamente lo que necesitaba oír", porque nuestro cerebro completa las partes que hacen falta para hacer que la historia sea "nuestra", como si hubiera sido hecha para nosotros específicamente. Es lo que sentimos con un buen libro o una buena película: nos habla directamente, nos mueve y nos cambia.

Las historias liberan hormonas relacionales.

Las historias conectan. Cuando dos personas comparten historias el cerebro libera dopamina y oxitocina (las hormonas del amor y del placer), que facilitan que ambas personas se conecten entre sí, empiecen a pensar de manera similar, y se sientan bien en compañía del otro.

Esto, a su vez, facilita que las historias sean memorables y repetibles. Casi cualquier persona puede contar la historia del Arca de Noe, pero pocos pueden recitar los Diez Mandamientos. Probablemente los Mandamientos son más importantes, pero la historia del diluvio es más emocionante. **Al final, recordamos las cosas que nos hicieron sentir.**

Las historias mantienen la atención.

Las historias mantienen la atención del público, no solamente porque sean divertidas o emocionantes en sí mismas (aunque ayuda), sino porque nuestro cerebro está diseñado para buscar ciclos completos. Es decir, si empiezan a contarnos una historia, **necesitamos saber en qué acaba.** Cuando iniciamos un discurso con una historia y guardamos el desenlace para el final, el auditorio hará un esfuerzo inconsciente por esperar el arco completo.

Las historias, además, crean su propia tensión, pues a cada paso presentan nuevas exigencias emocionales: satisfacen al cerebro "racional" y al cerebro "emocional" como ninguna otra cosa, pues son la forma más natural de comunicación social. **Nos encanta escuchar historias: está en nuestro ADN.**

Las historias abren la puerta del argumento.

Las historias son un paso seguro hacia la persuasión, porque facilitan la conexión emocional antes de descargar datos, números y argumentos. Las historias preparan el espacio para una discusión en donde todos estén en el mismo equipo: humanizan y conectan a las personas y, por tanto, en un sentido, las sientan a la misma mesa; destruyen la barrera de la distancia o la desconfianza; bajan las defensas y las resistencias.

Es a nuestros amigos a quienes contamos nuestras historias. Por lo mismo, cuando contamos a alguien una historia le estamos diciendo: **eres amigo mío, confió en ti. Tú puedes confiar en mí.**

¿Qué historia elijo?

En términos generales, cualquier historia crea la relación que buscamos al iniciar un discurso. Sin embargo, no todas las historias son iguales.

Las mejores son las historias propias y reales: historias y anécdotas de la propia vida y experiencia, incluso si no parecen tan importantes o asombrosas.

Puedes iniciar diciendo "Ayer me topé con una señora en el elevador. La recuerdo levaba un peinado gigantesco..." y elaborar hacia el tema que te compete. Esta frase es un gran inicio, porque eleva la curiosidad, te humaniza y abre la puerta del asunto más profundo. Desde luego, más emoción equivale a más impacto: "Les quiero contar lo que me dijo mi padre en su lecho de muerte..." es una historia propia, real y de alta carga emocional que puede colocarte pronto en un gran lugar para dar tu discurso.

Otras historias posibles son las verdaderas, pero ajenas: historias sobre personajes conocidos, famosos o de la historia humana. Puedes hablar de Cristóbal Colón, o de Steve Jobs, y elegir una anécdota que hable de su carácter o su genio. Hazlo de forma entretenida y, si se puede, divertida: sumérgete en la inflexión, como si estuvieras contando un cuento a un niño de siete años. Incluso, si deseas iniciar con tu frase de Benito Juárez o Gandhi, hazlo incluyendo la frase dentro de una historia sobre Juárez o Gandhi. Entonces no será una frase flotando en medio de la nada, sino la vela que carga su propio barco.

Por último, puedes elegir una historia de ficción que transmita de forma alegórica el punto al que quieres llegar. Un cuento, una fábula, un personaje de los Hermanos Grimm o de Esopo: son grandes formas de hablar de algo sin hacerlo de forma directa. En tanto que son historias, mantienen todas las propiedades cognitivas y sociales de éstas.

Elige la historia que quieras, pero inténtalo. La siguiente vez que te toque tomar el micrófono, inicia con una historia y libera todo el poder del storytelling a tu favor. Verás qué fácil es tomar control de tu estilo y de tu audiencia si aprendes a contar historias. ¡Suerte!

En cada entorno de la vida humana, existen mecanismos probados para generar una relación de confianza y autoridad que sienten las bases para una comunicación real.

Ya sea en un segundo o a lo largo de muchos años, es posible hacerlo si sabemos cómo.

La cuenta de cheques.

Esta imagen proviene del Dr. William F. Harvey Jr., un terapeuta matrimonial que ha trabajado con miles de matrimonios y familias a lo largo de muchos años de exitosa carrera. Él afirma que en las relaciones matrimoniales existe una institución llamada "el banco del amor"; y que de la forma en que manejemos este banco depende en gran medida el éxito o la derrota de la relación.

No hablaré aquí de "banco de amor", porque no todas las relaciones humanas son de amor, sino de "la cuenta de cheques", que puede aplicar a todo tipo de relaciones; pero el fundamento es el mismo.

Mónica mi esposa y yo empezamos nuestro matrimonio como muchos; muy felices e ilusionados, pero también con un gran camino que recorrer en términos de relación, conocimiento y comunicación. He de reconocer que los primeros meses fueron duros, pues nuestras dimensiones aún no estaban alineadas; teníamos distintos hábitos, gustos, horarios, virtudes y vicios; y sobre todo, distintas formas de comunicarnos. Sin que fuera una crisis mayor, la realidad es que nos estaba costando bastante trabajo la labor cotidiana de crecer la relación.

Entonces conocimos el concepto de "la cuenta de cheques" y nuestra vida cambió por completo y de forma inmediata.

La cuenta funciona así:

>Cuando dos personas se conocen, **se abren en el banco de la confianza dos cuentas de cheques.** Como la relación es nueva, ambas cuentas están en ceros.
>
>Cuando una de estas personas entrega algo valioso a la otra –algo que le cause sentimientos positivos, percepciones de valor o valor tangible- entonces "deposita" dinero en su cuenta. Y cuando pide algo, o comete un error o un abuso, entonces "retira" dinero de esta cuenta.
>
>Por lo demás, la cuenta funciona de forma normal: solo se pueden hacer retiros o cobrar cheques si la cuenta tiene fondos.
>
>Si se hacen retiros en una cuenta sin fondos... entonces la cuenta está en números rojos. Una cuenta en números rojos puede ser cancelada o recuperada a gran precio. Es mucho más sencillo mantener la cuenta cheques en saldo positivo; mientras más, mejor.

Ten en mente que con cada relación humana que existe, se crean estas cuentas. Tú llevas una cuenta de cheques con tu esposo o esposa; pero también con tus hijos, tus padres, tus amigos, tus socios, tus clientes, tus proveedores y con cada una de las personas en tu auditorio.

Cuando abres una cuenta nueva... ¡lo primero es hacer depósitos, tantos como puedas, para tener la cuenta en sólidos números negros! Solo después puedes buscar tu propio interés y hacer los retiros correspondientes.

Por ejemplo, cuando vas a comprar un auto a una agencia y te presentas con un vendedor, en ese momento se abren dos cuentas. Todavía no confías en él; pero un saludo franco y una buena sonrisa harán un pequeño depósito en la cuenta. Ahora confías un poco.

El vendedor te ofrecerá inmediatamente algún "regalo" sin compromiso. Una bebida, un café, un refresco o una galleta. Es un regalo de bajo costo, pero que se deposita directamente en la cuenta. Poco a poco, la cuenta se va fortaleciendo; tu instinto de reciprocidad se activa y la balanza de cuentas está a favor del vendedor. Si es hábil, ha creado una cuenta de cheques fuerte antes siquiera de mostrarte un solo automóvil.

La tarea del vendedor no es mostrarte el mejor auto, sino hacerte confiar en él: fortalecer su cuenta de cheques. Si lo dudas, responde esto: Cuando el vendedor te está mostrando una camioneta para tu familia ¿prefieres que te muestre los golpes y fallas que tenga el auto, o que no lo haga? Habitualmente, si el vendedor hace un esfuerzo por mencionar las fallas del producto; aunque aparentemente el valor del producto baje, el valor de su cuenta sube: ahora confías aún más en él y sabes que no te va a engañar.

Los malos vendedores venden las cosas. Los buenos vendedores venden la relación.

Ahora, aunque no lo sepas, has perdido interés en buscar el mejor auto o el mejor precio; pero has decidido que quieres comprarle a él, el vendedor cuya cuenta en el banco de la confianza es fuerte.

Los depósitos en la cuenta de cheques tienen un valor inmenso en cualquier relación, y son la materia prima de la que se forma la confianza a largo plazo, aún en casos extremos.

Y hablando de casos extremos: ¿Puede recuperarse un matrimonio tras una infidelidad? La respuesta depende del estado en que se encuentren las cuentas de cheques durante el proceso.

Un esposo hace depósitos en la cuenta de su mujer cada vez que le llama; cada vez que le hace un piropo; cada vez que lleva una flor; cada vez que limpia los platos, que duerme a los niños, que dice la verdad, que llega puntual. El esposo hace depósitos cuando le respeta, cuando le escucha, cuando pasa tiempo con ella y con los niños.

Los depósitos multiplican su valor en tanto que reconocen **las dimensiones** de la otra persona. Su edad, sus sentimientos, sus gustos, su historia. No solo regalar "una" flor, sino "la" flor que sabes, porque escuchas, que tu esposa prefiere. Es decir, que correspondan a los *lenguajes del amor* de Gary Chapman. Las dimensiones multiplican los depósitos, o reducen su valor. En la cuenta de cheques, los depósitos inmateriales suelen ser más valiosos que los materiales, e incluso un abrazo antes de dormir cada día puede registrar mayor ganancia que una nueva camioneta.

Por supuesto... también se hacen retiros en esta cuenta; voluntarios o involuntarios.

El esposo hace pequeños retiros cuando llega tarde, cuando no contesta, cuando deja la cocina hecha un desastre; cuando levanta la voz, cuando ve a otra mujer, cuando tiene mal aliento. Una gran cantidad de pequeños retiros también puede vaciar la cuenta si no se realizan, a su vez, importantes depósitos.

Los retiros no se miden en forma absoluta, sino en relación con el total de la cuenta. Un retiro de mil pesos es "pequeño" si la cuenta tiene millones en positivo; pero es devastador si la cuenta está casi en ceros. Lo importante es mantener la cuenta sana y fuerte.

Incluso un retiro grave y devastador –como una infidelidad– puede analizarse en el entorno de la cuenta y su estado histórico. Si la cuenta lleva años de depósitos constantes y generando intereses, un retiro gigantesco puede no resultar en quiebra; pero si la cuenta ya estaba en ceros o en negativo, este retiro puede ser la gota que derribe la balanza: el banco decide cerrar la cuenta.

Y entonces, la confianza es irrecuperable. La comunicación, imposible.

Si la cuenta está en negativo; no importa qué producto vendas o qué idea tengas. No importa si eres un gran orador o si eres muy hermosa. Las cuentas en negativo no pueden comunicar nada. **El auto no tiene nada de gasolina.**

Para iniciar cualquier proceso de comunicación, antes debes de considerar el estado de la cuenta.

¿Quieres hablar? Empieza por formar tu carácter, reputación, autoridad, relación, marca e influencia; aquello que Aristóteles llama el *Ethos*: la gasolina del auto y el único micrófono que emite un sonido capaz de atravesar las paredes de la dimensión humana.

Cuatro pilares del *Ethos*.

¿Puedo tener más influencia? ¿Puedo conectar mejor? ¿Puedo ser el tipo de persona que otros escuchen? - ¡Por supuesto! De hecho, seguramente ya lo eres, hasta cierto punto, y tienes ya la capacidad de tocar la vida de muchas personas en tu hogar, tu trabajo, tu vida social y en redes.

Cada palabra que sale de tu boca se nulifica o amplifica en relación con tu coeficiente de reputación o autoridad. El 100% de las personas con las que interactúas tienen una relación contigo, y parte de esa relación es la percepción sobre tu reputación, y por tanto, la confianza.

El *Ethos* que te construyes tiene cuatro pilares fundamentales, y funciona igual para discursos de tres minutos que para relaciones que duran la vida entera.

1. Imagen.

No existe forma de escaparse de esta realidad humana. Las personas te juzgan según te observan, y las primeras impresiones duran mucho, mucho tiempo.

La imagen que proyectas incluye todas las cosas que expones al mundo. No solo tu peinado o la forma en que te vistes cada día, todos los días, sino también la forma en que hablas; la manera en que caminas, y el empeño que pones en el diseño de tus redes sociales; qué fotos subes, qué cosas comentas, etc.

La manera en que hoy elijas vestir en el trabajo impactará la manera en que tus colegas te perciban. Un solo día parece no importar mucho, pero poco a poco la imagen que proyectas va tomando una forma más constante y precisa. En general, al final del camino, acabamos siendo lo que parecemos.

¿Es malo juzgar a las personas por su imagen? En muchos casos sí, cuando se trata de estereotipos falsos o discriminatorios. Sin embargo, es inevitable asumir ciertas características en las personas que conocemos. Si te topas con un hombre que viste una bata blanca y un estetoscopio ¿qué pensarás de él? Muy probablemente, que es un médico o enfermero. A menos que esté disfrazado, es muy probable que tu percepción sea atinada.

Lo extraño no es que pienses que es un médico. Eso no es discriminar, sino tener ojos. Analizar lo que vemos es lo natural. Lo raro sería que pensaras "¿Lleva bata blanca? quizás es un cazador de ballenas".

Nos hacemos una idea de cada persona que vemos a partir de su imagen; y ellos, de nosotros. A fin de cuentas, como Mónica suele decir en sus charlas sobre imagen: **tu imagen exterior es un megáfono de lo que hay en tu interior.**

Es un mecanismo evolutivo de supervivencia. Con cada persona que conocemos, tenemos pocos segundos para decidir si es o no de confianza; si podemos hablarles o si tenemos que salir corriendo.

Si un hombre se acerca a una caja de banco con una pistola en mano ¿qué pensará la cajera? Lo normal será que se proteja y suene la alarma. Eso es lo natural. Lo extraño sería que pensara "Oh; pistola en mano. Quizás trabaja en un museo de armas o en una fábrica de juguetes. No lo juzgaré, y esperare a oír lo que tiene que decir". Esto sería sencillamente absurdo.

Y sin embargo, así de absurdo es que queramos que las personas no nos juzguen a nosotros por cómo nos ven; cómo nos vestimos, hablamos, movemos y nos mostramos en redes.

En una anécdota famosa, incluida en la famosa biografía de Steve Jobs escrita por Walter Isaacson, durante los años 70, cuando Apple era apenas una compañía naciente, un joven Jobs trató de vender parte de sus derechos al gigante ATARI. La oportunidad se presentó en la forma de una cita con el presidente de la empresa, Joe Keenan. Pero las cosas no salieron como esperaban.

Steve Jobs se presentó a la reunión con una higiene espantosa (Jobs creía innecesario el bañarse, por ser "frutariano"), totalmente mal vestido, con el pelo desaliñado y dejando tras de sí un aroma inconfundible de sudor agrio. Durante la entrevista, se quitó los zapatos y en algún momento, tuvo el descaro de subir sus pies apestosos en el escritorio de Keenan.

"No solo no les vamos a comprar", gritó Keenan "¡baja tus pies de mi escritorio!". Y allí se acabó el negocio.

Claro; Apple después se convertiría en un éxito sin precedentes, y la anécdota suele contarse como ejemplo de las oportunidades que dejamos pasar. Pero seamos claros: Joe Keenan no hizo nada malo ni extraño: ni siquiera fue capaz de escuchar la propuesta de Jobs, porque Jobs parecía un vago de la calle. Actuó como cualquier persona lo hubiera hecho. En este caso, Jobs fue el que perdió el cliente, el negocio y su propia dignidad.

Después el mismo Jobs se convertiría en un experto legendario, tanto en imagen de producto como en imagen personal. En 2004 cambiaría la historia del mundo al presentar el iPod... vestido, bañado y con zapatos.

Cuidar tu imagen no significa vestirte igual a todos, ni usar siempre smoking. La buena imagen permite un amplísimo margen para el estilo propio y hasta para la rebeldía. Steve Jobs no usaba corbata y solía llevar unos zapatos deportivos (a diferencia de sus competidores, que usaban siempre traje y corbata). Era una forma estilizada de rebelarse y de transmitir innovación, juventud y estilo. Su imagen se convirtió en leyenda... y la leyenda en un ícono.

Ante la pregunta ¿Qué me pongo? Antes de presentarte ante una audiencia, con un cliente, una junta de trabajo o un viaje de negocios, recuerda las cinco preguntas de la imagen personal:

1. ¿Quién soy?

No es lo mismo ser el Papa que el Presidente de Finlandia; o ser Director de tu empresa que ser Estrella de Rock & Roll. Viste de acuerdo a tu carácter, personalidad y el rol quieres proyectar en tu vida diaria.

2. ¿Cómo soy?

¿Cuál es mi edad, tipo de cuerpo, posibilidades económicas, nacionalidad, sexo? Carolina Herrera, diseñadora de fama mundial, lo pone claro: "No hay nada que envejezca más que vestirse de más joven". Todos tenemos imperfecciones, pero hay que empezar por reconocerlas para no hacerlas más evidentes. Nunca vistas como algo que no eres, porque causarás el evento contrario al que deseas.

3. ¿Qué día es hoy?

Por supuesto, se viste distinto un lunes que un domingo; pero también en primavera que en otoño. Forzar una prenda o una imagen a pesar del clima o de la fecha resulta extraño y contradictorio. ¿Llueve? ¿Hace frío? No importa que esa blusa ligera te vaya tan bien: guárdala para otro día.

4. ¿A dónde voy?

Cada espacio –todos– tiene su propio código, escrito o no escrito. Se puede ser tan elegante en la playa como en la oficina. Lo extraño es ir vestido de playa a la oficina.

5. ¿Con quién voy?

La clave de la elegancia (y base de la confianza) es hacer sentir bien al otro. Si hablas ante un público, viste de acuerdo al código del espacio, a la edad de los asistentes y al entorno cultural. Si vas con una persona, viste de acuerdo tanto a su dignidad como la tuya propia. **Vestirte bien para ver a alguien es decirle que te importa.** Es un gigantesco depósito en la cuenta de cheques.

Tu imagen (offline y online) es parte inseparable de tu propia personalidad y, quieras o no, es lo primero que ve tu auditorio. También será lo último, si no sabes usarla en tu favor. La imagen es el primer pilar del *Ethos*, y es la fachada de la casa de tu relación. Descuidarla es perder antes de intentar.

¿Cómo lograr una buena primera impresión? ¡Tienes 7 segundos!

Siete segundos. Ese es el tiempo que la ciencia determina que tardamos en formarnos una primera impresión de alguien. De hecho, desde las primeras centésimas de segundo empezamos ya a forjar nuestra opinión sobre otras personas. Y ellas, sobre nosotros. A partir de esta primera impresión, la relación y el comportamiento entre ambas personas tomará un rumbo radical; muchas veces, imborrable.

Aunque es falso que "la primera impresión jamás se olvida", y podemos revalorar la imagen que tenemos de alguna persona a partir de nuevos datos o comportamientos, la verdad es que poco hay tan valioso en los negocios (y en la vida) como la capacidad de proyectar una buena primera impresión.

Si alguien te dice que no juzga a otros por su apariencia, hay dos opciones: o te está engañando a ti o se está engañando a sí mismo. Todos los seres humanos juzgamos a otros el 100% de las veces que los vemos por primera vez. Es un tema de supervivencia.

Es instintivo y muchas veces, subconsciente, pero cada vez que conocemos una persona hacemos una breve relación de nuestra primera impresión, que se basa casi por completo en la apariencia: ¿Es amigo, o enemigo? ¿Es hombre o mujer, joven o viejo, local o extranjero? ¿Nos va a pedir algo, es una amenaza, quizás lo hemos visto antes? Todas estas cosas van formando una idea previa, con la que lo abordaremos en caso de primer contacto.

No solo la imagen, sino también las primeras palabras causan un impacto potente ¿Es alegre o triste; amable o grosero; es alguien que quisiéramos como amigo?

Es verdad que esa primera impresión puede ser errónea (podemos asumir que alguien es de alguna forma, sin que lo sea), **pero en la mayoría de las veces, las personas parecemos lo que somos.** Si un joven con gorro de chef y galletas en una canasta se acerca a tu auto, sería muy raro que pensaras "quizás sea el CEO de una compañía aeroespacial" o te dijeras "¿Será acaso el Rey de Suecia?" Si eres una persona normal, pensarás "es un vendedor de galletas" ¡Y probablemente estés en lo correcto! Entonces lo tratarás conforme a esa percepción.

El mundo sería intransitable de otra forma. La imagen nos ayuda a mostrar qué y cómo somos. Nos movemos en el mundo y nos relacionamos a través de claves sociales. Son parte de nuestra naturaleza, instinto y comportamiento. **No es lo que percibimos, sino cómo tratamos a las personas, lo que nos hace generosos o miserables.** Y así como percibimos a otros, también nos perciben a nosotros.

La primera apariencia siempre es anterior al contacto. Por eso, **los hombres y mujeres de éxito siempre se presentan y actúan de la mejor forma en donde estén; siempre aparecen arreglados y limpios, y tratan a todos con amabilidad,** desde el mesero hasta el presidente. No solo es, ya sabes, lo correcto; sino también una excelente estrategia de negocio. Nunca sabes con quién te podrías encontrar hoy.

Y cuando de primer contacto se trata, parecerá cliché que te lo diga, pero el mejor maquillaje... es una sonrisa.

No es un invento o una mera convención social. **La sonrisa es un gesto universal no agresivo, pacífico, amistoso y empático.** Es el gesto de comunicación no verbal más reconocible y agradable, que supera todas las barreras de lenguaje, edad o cultura. Cualquier persona entiende y valora el gesto humano por excelencia.

Una sonrisa genuina y amable puede llevarte lejos; pero ten cuidado con una sonrisa acartonada, forzada y falsa; pues lo mismo que la falta de sonrisa puede interpretarse como secrecía, ocultamiento o engaño. A nadie le gusta sentir que le engañan.

Las personas que dicen la verdad, que transmiten confianza y respeto, miran a los ojos. **Una sonrisa verdadera se acompaña de una mirada franca, abierta y directa**, que transmita interés verdadero por la persona y abra la relación a la conversación.

Una mirada al piso o al techo es una señal inequívoca de desinterés y frialdad reservada a los enemigos o a los desconocidos.

Uno o dos segundos han de ser suficientes. Una mirada demasiado extendida o intensa puede resultar incómoda y causar el efecto opuesto.

Un apretón vale mil palabras

El apretón suele ser el primer contacto físico entre dos personas, y como tal reviste un valor importante en la impresión que nos hacemos de los demás. Si el contacto resulta incómodo o de mal gusto puede matar una relación antes de que empiece.

El apretón de manos es una ciencia que se perfecciona con el entrenamiento constante. **Un buen apretón de manos debe de transmitir seguridad, tranquilidad y confianza.**

El codo, ni demasiado extendido ni demasiado cerrado. La palma abierta, evitando el apretón excesivo y la mano de "pescado". Una, dos y tres, pero no más. Un apretón demasiado largo o forzado puede resultar intimidante y grosero.

Si quieres aumentar la confianza (y el entorno lo permite) apoya el apretón con la mano izquierda, posando levemente tu mano sobre el codo de la otra persona, o sobre su hombro. En primeros contactos, atiende la cultura del lugar, pero trata de evitar besos o abrazos. Un apretón cálido y genuino es bien aceptado en cualquier lugar y no te meterá en ningún problema.

Puedes también utilizar el truco de la **palabra inesperada**. ¡Atención con este truco, pues te dará resultados inmediatos! En una conversación de primer contacto, las palabras importan. Tu objetivo es hacerte notar, ser recordado y aparecer como una persona confiable.

Las primeras palabras son fundamentales. **El juego consiste en no decir lo que la otra persona espera escuchar** (y por tanto filtrará u olvidará), sino algo distinto que le obligue a detenerse un segundo.

Por ejemplo. Si la persona dice. "¿Cómo estás?", no respondas en automático "¡Bien, gracias!" y guardes silencio. Esta respuesta automática no se registrará en la memoria de tu interlocutor. Solo te hará invisible. Di mejor: "¡De maravilla y mejorando!" o "Muy bien, Mario, ¿cómo estás tú?"; haciendo énfasis en su nombre. Después haz una pregunta amigable "¿Qué te pareció la conferencia?".

Hablaremos de las preguntas más adelante, pero por ahora, recuerda tu objetivo: no pasar de largo; no ser invisible.

Otro truco relevante para la primera impresión es la "Regla del Espejo". Nuestro cerebro cuenta con un set de neuronas específicas que se conocen como "neuronas espejo". Su objetivo es absolutamente social o relacional, y nos permiten alinear nuestros estados de ánimo con el de las otras personas para entenderlas y que nos entiendan.

En otras palabras, **cuando dos personas hacen lo mismo o se comportan igual, se conectan de forma más profunda y duradera.** Desde apoyar al mismo equipo de futbol, vestir igual o hacer los mismos gestos. Los cerebros se identifican como "iguales" y se alinean. Es como magia.

En un encuentro breve, procura partir desde el mismo estado de ánimo que tu contraparte, para encontrarse en un punto ideal para ambos.

Por ejemplo, si la otra persona está enojada porque perdió su equipo, de nada sirve llegar con una alegría de feria y decirle que "¡no importa, estas cosas pasan!". En cambio, encuéntralo en donde él está "¡No puede ser! ¡Esa jugada era penal!". La persona no se siente juzgada o menospreciada, sino comprendida. Después podrás decir "Pero nada que una cerveza no pueda resolver. ¡Vamos!" y dirigir la conversación a un punto más optimista. Procura conectar el nivel emocional, de energía y de gestos de tu interlocutor para generar un puente de empatía y confianza inmediato.

Esto no significa que seas un agachado o que dejes de ser tú mismo. Sí significa, en cambio, que seas empático y puedas ponerte en el lugar del otro para abrir una conversación duradera.

Cuidado con las palabras vacías. **Uno de los grandes errores de las conversaciones modernas son las preguntas sin respuesta**; es decir, las preguntas que se hacen para llenar un espacio muerto y de las que no esperamos una respuesta real.

¿Cómo estás? ¿Cómo te ha ido? ¿Qué onda? ¿Qué tal la familia? – todas estas preguntas carecen de valor si no se les acompaña de un espacio y de un interés genuino. En general, se disuelven con una respuesta prefabricada "Bien, gracias".

Reformula las preguntas de manera que entregues el micrófono a tu interlocutor. Deja que sepa que son preguntas reales que esperan una respuesta real. Un cambio en la redacción bastará. En vez de decir, simplemente "¿Cómo has estado?" pregunta "¿Cómo te sientes en tu nuevo trabajo?" o "¿Qué edad tienen tus hijos ahora?".

Lanza la respuesta y guarda silencio. Mira de frente. Conecta. Ahora ESCUCHA lo que tu interlocutor te dice. **La regla del gran conversador es esta: hablar poco y escuchar mucho.** En un primer encuentro no ataques con tus ideas y grandes proyectos; o te excedas con las bromas; o te metas en temas de política o religión. Mejor pregunta y escucha.

Si haces que las personas se sientan bien cuando están contigo, entonces relacionarán ese sentimiento positivo con tu presencia, y querrán más de lo mismo. Felicidades: has logrado crear una GRAN primera impresión.

2. Reputación.

La reputación es la percepción que tienen de ti otras personas; es la estima o prestigio que te preceden, y es uno de los activos más importantes que jamás podrás adquirir.

La reputación se basa en trabajo, estudio, dedicación, presencia y fama; pero se *crea* con comunicación: a fin de cuentas es una *percepción* de público. Es decir: la reputación está en la mente de quien la percibe, y no es un hecho objetivo.

Esto parece contradictorio. ¿No basta tener autoridad difusa, técnica, formal o moral para poder comunicar una idea? La respuesta es clara, sencilla e inequívoca: No.

No, no basta que sepas del tema, o que tengas doctorados, o que seas una buena persona. Si alguna vez fuiste adolescente y la chica de tus sueños te ignoró, sabes de lo que hablo. "¿Por qué la chica no se da cuenta de que soy un gran tipo; mucho mejor que su actual novio patán?"

Pues porque ni la chica, ni tu público, ni tu cliente, ni tus hijos ni tus empleados son adivinos de profesión. Nadie *sabe* quién eres a menos que tú se lo muestres.

La forma en que tratas a las personas; la manera en que haces tu trabajo; los espacios que eliges para comunicar tus conocimientos y las acciones que realizas para ayudar a los demás van creando en la mente de los que te conocen (y en la opinión pública) una imagen sobre qué y quién eres.

Aunque nadie puede estar en *total* control de su propia reputación, y resulta enfermizo vivir preocupado por lo que otros piensan de uno, también lo opuesto resulta ridículo: no preocuparte nunca por lo que piensan de ti; por agradar u obtener el reconocimiento debido. Una persona *demasiado* preocupada resulta vanidosa y pesada; pero alguien que no se preocupa nada termina por ser un ermitaño.

En el juego de la reputación, importan más las relaciones interpersonales que los logros personales. Es genial que ganes un maratón o escales el Everest, y que tengas un gran currículum; pero la gente se cansa pronto de la novedad. En cambio, la gente recordará cómo les hiciste sentir, y cómo actuaste en una situación que a ellos les importaba. La gente regresa a los espacios y a las personas que los hacen sentirse bien.

Cuida y administra tu reputación con tiento. Se construye con mucho trabajo y se destruye muy fácilmente. Y es uno de los pilares más potentes dentro de la estructura de tu *Ethos*.

Hasta hace pocos años, el astrofísico Stephen Hawking era uno de los *speakers* mejor pagados del planeta, y podía cobrar cientos de miles de dólares por discursos y apariciones en congresos y seminarios. Como seguramente sabes, Stephen Hawking sufría de una enfermedad degenerativa llamada Esclerosis Lateral Amiotrófica (ELA) que le paralizaba todo el cuerpo. De hecho, no podía hablar, y tenía que hacerlo con ayuda de una computadora de avanzada que era su "voz".

Si pensáramos en la comunicación como una serie de técnicas de oratoria, entonces Hawking sería el peor orador del mundo. Con una voz robótica, incapaz de moverse en el escenario; incapaz de mirar al público de frente o de agitar los brazos con dinamismo, seguramente sería último lugar en todos los concursos de oratoria del planeta.

Y, sin embargo, era un conferencista de fama mundial; y cada una de sus palabras era recogida para la posteridad. Ese era el poder de su reputación: la de un genio moderno a la altura de Einstein o Newton.

Este no es un libro de ética. Moralmente, el saber y el ser son virtudes superiores al parecer. Pero en el mundo de la comunicación, tienes que hacer visible lo que sabes y lo que eres.

Dije "hacer visible"; no "aparentar". Mentir no es, y nunca será, un buen negocio. Construir una reputación con base en mentiras y exageraciones tarde o temprano resultará en un colapso espectacular.

Comunicar no es gritar y dar manotazos. No es hacer grandes argumentos. **La comunicación es una *relación*. Y dentro de ésta, tu reputación importa muchísimo más de lo que puedes imaginar.**

¿Cómo se construye una relación? En una mañana de mayo, me reuní con un **alto ejecutivo de una empresa internacional**, cuya carrera en la vida pública y privada le han convertido en una persona de prestigio reconocido. Le llamaremos Pablo. Fue en un café de Santa Fe. Pedí lo mismo que él: unos huevos estrellados con un *side* de papa *hash brown* y jugo de naranja. Después de la conversación mínima y ya más en confianza, le pregunté directamente: *¿Cuál es el secreto de tu reputación?*

Como hemos visto, la reputación es uno de los elementos centrales en la comunicación, porque es la materia prima de la confianza. En más de un sentido, la reputación es lo único que tienes, que viaja contigo, y que hará o deshará tu carrera y tu éxito. Talentos, valores y pasiones no trascienden si no logran comunicarse; y la forma en que se comunican es la reputación: la imagen sólida del carácter de una persona.

En tiempos recientes, la **reputación "online"** ha tomado el escenario central, y hemos hablado de ella en distintas ocasiones. Si bien las redes y los perfiles online aportan poderosamente a nuestra propia reputación, hay algo que decir por la reputación "offline", a la antigua. Una reputación basada en el carácter, la palabra dada y las relaciones personales. Por eso decidí preguntar lo que pregunté.

Mi acompañante terminó su jugo antes de continuar, y después acercó su cuerpo hacia mí, para responder.

"Hay que trabajar bien, desde luego –dijo, reflexionando-, pero también hay que ir armando tu prestigio. Ese prestigio es lo más importante que tienes. Y hay que construirlo". Aquí algunas ideas centrales sobre lo que aprendí aquel día.

El arte del mensaje

"Encuentro que los jóvenes actualmente **han olvidado el arte del mensaje**", me dijo. "Aunque no puedes tener, realmente, miles de amigos, sí puedes mantener contacto con un sistema muy básico, muy humano. Y eso se logra enviando mensajes".

Pablo me dijo que cada día dedicaba algunos minutos a enterarse de las noticias y a revisar su agenda. "Aunque no sucede a diario, no dejo pasar oportunidad de enviar mensajes a las personas que pueda hacerlo". No solo felicitaciones de cumpleaños (que hoy Facebook ha devaluado tanto), sino nacimientos, logros, premios, condolencias, publicaciones. "Cuando se puede, lo hago de puño y letra, pero también mando muchos correos". Y continúa, aún más a fondo: "Las personas con las que trabajé hace años, o con aquellas que me he ido cruzando, me mantienen en su mente porque yo me encargo de que me mantengan allí. A lo menos una vez al año, recibirán un mensaje mío".

No se trata de explotar o aprovecharse de otras personas, sino de mantener abierta la memoria; no dejar que crezca el paso en el camino de la amistad. "Cuando es hora de buscar socios y colaboradores; ellos piensan en mí y yo en ellos. **Ese es el sentido del *networking*. No el brindis, sino lo que sigue al brindis.** Mantengo contacto con muchas personas, aunque no aparezcan en mi horizonte profesional inmediato. Eso se valora extraordinariamente".

No vendas tu reputación

"Las cosas que hacemos corren como pólvora". A veces pensamos que lo que hacemos o dejamos de hacer tiene un efecto de corto plazo, pero nuestra reputación permanece por mucho, muchísimo tiempo. "Entre colegas sabemos quiénes tienen reputación buena o mala; quiénes toman atajos y quiénes hacen cosas ilegales o, peor aún, inmorales". En la era de la hiperconectividad virtual podemos olvidar con facilidad el poder del "boca a boca". **A cada cliente, cada negocio, cada trabajo, entrégale el 100%.**

Pero no dejó de señalarme un punto clave "¡Ojo! Haz las cosas bien porque es lo correcto, y no porque afecte tu imagen. La imagen se construirá sola. Pero no caigas en la trampa de decir *bueno, solo esta vez*. Esa sola vez te costará tu reputación".

"Siempre hay otros negocios. No tengas miedo de perder un negocio o un trabajo, o un proyecto, si el lograrlo pone en entredicho tus principios. No hay millones que paguen el costo de tu conciencia. Si dejas ir algo por tus principios, es casi seguro que otra cosa mucho mejor llegará en su lugar. En cambio, si te vas por el camino fácil, salir de éste te será cada vez más y más difícil."

Eleva a otros

"Quien avanza pisando a otros, pronto se encuentra en medio de un desierto". A lo largo de tu carrera tendrás oportunidad de ayudar a muchas personas a encontrar su propio camino, y tienes una obligación moral hacia ellos.

Cada persona tiene su camino, y tú no lo conoces. El chico que saca copias puede ser el CEO en diez años; y tu colega hoy puede ser tu contrincante mañana. Si has tratado a estas personas, en todo momento, de forma digna y recta, tendrás una cuenta de banco robusta en relaciones que en un futuro (mucho menos lejano de lo que piensas) te ayudará a construir nuevos éxitos sin tensar tu reputación.

Agradece mucho. Felicita mucho. Aplaude mucho. Pide muchos consejos y dalos, cuando te los pidan. En resumen "no tengas miedo de elevar a otras personas, de llevarlas más lejos o dejar que, incluso, puedan superarte". **La capacidad de alegrarte por el bien de otros**, sin envidiarlos, te dará toneladas de felicidad… y mucha mejor reputación.

Aprende a conversar

A la hora de armar equipos de trabajo, el currículum y la experiencia, aunque parezca irónico, pasan a un segundo plano. En el fondo las personas quieren trabajar con aquellos que cumplen, fundamentalmente, tres características: que inspiren confianza, que se pueda trabajar bien con ellas y que le hagan sentirse bien a uno mismo. En otras palabras: el prestigio vale más que el currículum.

¿Otras personas se sienten bien cuando están contigo? Ese es el arte de la conversación. "Hay algo en la charla frente a frente que ninguna tecnología podrá sustituir", así que busca estos espacios. La conversación cotidiana no tiene como objeto transmitir información ni, mucho menos, "ganar" para aparecer más inteligente, más culto o más guapo de lo que eres. El conversador hábil respeta la regla del 80/20: escucha mucho más de lo que habla. **Los grandes conversadores hablan poco, preguntan mucho y escuchan siempre.** El fin de la conversación no es informar, sino generar una relación de conexión y confianza.

Cuentan que tras la segunda guerra mundial, los líderes de los países vencedores acudieron a una cena de gala. Tras el evento, el presidente de Estados Unidos preguntó a su esposa "¿Qué te ha parecido De Gaulle?". "Tras media hora de hablar con él, me pareció la persona más interesante del mundo", contestó ella. "Vaya, muy bien" – dijo el presidente- "¿Y qué te pareció Churchill?". La respuesta fue demoledora "Tras media hora de hablar con él –sentenció la mujer- me pareció que yo era la persona más interesante del mundo".

La persona que hace sentir bien a los demás, atrae su presencia y aprovecha muchas más oportunidades de trabajo, de negocio o de desarrollo. Esto se llama carisma;

pero no es solamente un talento natural, sino también **un sistema y una habilidad que se puede –y debe aprender-**.

Fue hasta el final de la entrevista que noté que Pablo no había visto su teléfono durante todo el desayuno. Lo guardó para dedicarme el 100% de su tiempo y atención. A veces, también, la tecnología estorba la comunicación. Si el iPhone cambia año con año, los seres humanos seguimos necesitando una conexión real.

¿Algo podemos aprender los emprendedores *millennials* y *genZeros* de los consejos de Pablo? Sin lugar a dudas. En efecto, nuestra propia reputación –*online y offline*- está en juego y, con ella, nuestra capacidad para comunicar nuestros proyectos, vender nuestras ideas y alcanzar nuestras metas.

3. Contactos.

El tercer pilar de tu *Ethos* son tus contactos. Sí, así es: para crear relaciones... hay que tener relaciones.

Recientemente leí un artículo que "denunciaba" la realidad de las universidades de elite en Estados Unidos, aquellas que pertenecen a la llamada *Ivy League*; las mejores universidades privadas en el noroeste del país. Entre éstas se encuentran Harvard, Yale, Brown y Cornell. El artículo afirmaba que, comparativamente, una persona podía obtener mejor educación por un precio mucho menor en otras universidades públicas y privadas. La conclusión era que estas universidades no tenían mejor educación, sino que "solamente" ofrecían mejores relaciones sociales.

Yo iré más lejos. Si así lo deseas, puedes lograr una educación aún mejor absolutamente gratis si te lo propones, en internet o en una biblioteca. En efecto, las universidades ofrecen muchísimo más que conocimiento. Ofrecen cultura, pertenencia, prestigio y relaciones. Ofrecen una tribu y una identidad que te acompañan a lo largo de tu vida. Eso no es una "trampa". Es parte del valor que ofrecen y que entregan.

Hablamos al inicio de este libro sobre el caso de dos mexicanos que se encuentran en el extranjero, y cómo eso crea una conexión instantánea, pues ambos se reconocen como parte de una misma "tribu" o grupo social, aunque no sean conozcan entre sí.

Los contactos en un entorno social son catalizadores; es decir, aceleradores del proceso normal de confianza entre dos personas.

Supón que un tu búsqueda de trabajo, tienes la oportunidad de una entrevista con el director del banco en donde te encantaría trabajar. Después de recibirte amablemente, y tras unos primeros minutos formales e incómodos, el director te interrumpe.

- Espera... ¿te apellidas Tenorio?
- Eh... sí.
- ¿No serás algo de Guillermo Tenorio?
- Eh, sí; es mi primo.

- ¡Hombre! Haberlo dicho antes. Tu primo y yo somos grandes amigos. ¡Fuimos juntos a la universidad!

Lo que ha pasado allí es que la relación ha pasado automáticamente a un nuevo nivel de confianza. No has cambiado tú, ni tu currículum ni tus habilidades. No ha cambiado el director; es el mismo de siempre. Pero la inclusión de una tercera persona, un conocido mutuo, ha resultado en una relación más cercana.

Una carta de recomendación es de gran ayuda a la hora de buscar un nuevo trabajo. El buró de crédito es necesario para buscar un préstamo. El diploma de una universidad de prestigio es una excelente carta de presentación. ¿Por qué? El sistema es sencillo: a falta de relación o autoridad conocida, la nueva relación toma prestado su *ethos* de una autoridad previamente reconocida.

El que contrata a un joven abogado puede pensar: "no confío en ti, pues no te conozco. Pero conozco a *esta* universidad, y por extensión, confío en ti un poco más". ¿Ilógico? En absoluto. La *reputación por conexión* es una extensión natural del concepto de tribu, y una de las más importantes dimensiones dentro de la comunicación con dimensión.

Los grandes comunicadores y hombres de negocios exitosos raramente son reclusos silenciosos. La capacidad de hacer conexiones y desarrollar una red amplia de contactos y con buena reputación es una de las habilidades más connaturales al liderazgo y una medida muy palpable de la influencia que tenemos en el mundo.

Las personas de influencia mantienen el hábito de crear, crecer y mantener su red de contactos. No solo conocen mucha gente, sino que ponen empeño sistemático en alimentar la relación de forma constante. Son las personas que llaman cuando es el cumpleaños de alguien, escriben cuando se alcanzan logros y están presentes en los momentos difíciles.

Hay quienes creen que mantener una red de contactos estratégica es inmoral o maquiavélico, pues es una forma de manipular y usar a las personas; pero nada está más lejos de ser verdad. La mayoría de las personas son buenas para detectar un cumplido poco sincero o un interés puramente material. No se trata de "cazar" relaciones para avanzar tus intereses, sino de conectar con personas que te ayuden a crecer y a quienes puedas, también, ayudar a alcanzar sus propias metas.

La regla de la cuenta de cheques sigue siendo la misma: siempre dar más de lo que se recibe. Es la única manera de mantener una relación en positivo a lo largo del tiempo.

No seas interesado y calculador. En cambio, trata a todos con respeto e interés en **todas** sus dimensiones; no solo en aquellas que te resultan útiles. Desde el mesero y el jardinero hasta el príncipe de Dinamarca, acostúmbrate a hablar con *las personas*, no con *los títulos*. ¡Notarás la diferencia!

4. Congruencia.

La última moneda de cambio en la comunicación es la confianza; y nada destruye la confianza más rápido que las mentiras, el doble discurso y la incongruencia de vida.

Frente a un público o audiencia, incluso si tu *Ethos* inicial es fantástico (tienes fama y un buen currículum, por ejemplo), todo se puede venir abajo si la imagen que tienen de ti no corresponde con lo que ven en ese momento.

Esto pasa con personas "famosas" todo el tiempo.

Alguna vez mi hermana Mariana tuvo la oportunidad de conocer, en un evento de su organización, a uno de los actores de televisión más reconocidos en México; cuyo personaje en pantalla es gracioso, amable y encantador. Naturalmente, se acercó a saludarlo... solo para llevarse una gran decepción. Resultó soberbio, grosero y vulgar.

El *Ethos* que construyó este actor con su fama a lo largo de décadas se desmoronó en segundos. De nada sirven el prestigio o la reputación si cuando abres la boca... resulta que eres un tarado.

Lo mismo respecto de la autoridad técnica. Piensa en un profesor universitario con el currículum más impresionante de todos; que en la primera clase comete dos o tres errores graves. Sus alumnos rápidamente cambiarán su percepción: de experto a tonto en solo tres pasos.

No todos tenemos que ser expertos en todo. Lo único que pide tu audiencia es que sea *congruente* tu reputación con lo que ven en la realidad. Si durante una de mis conferencias el público se entera de que soy un pésimo jugador de basquetbol, no cambiará en nada su percepción sobre mí: yo nunca he afirmado ser basquetbolista. En cambio, si doy una sesión de oratoria y resulta que soy tartamudo... ¿acaso no se rompe algo allí? **No se castiga la imperfección, que todos tenemos, sino la incongruencia,** de la que debemos huir.

Es por eso que la reputación basada en mentiras o exageraciones nunca es recomendable: se rompe con demasiada facilidad. Como Cristiano Ronaldo sabe bien; no basta con ser famoso o fotogénico: hay que demostrarlo en la cancha, en cada partido, con cada tiro a gol.

La congruencia toma más relevancia mientras más cercana es la relación. La mayoría de las personas no pierden sueño porque Tom Cruise sea vanidoso, o Leo Messi reservado. La fama lejana perdona muchas cosas. Pero la reputación de aquellos con quienes convivimos a cada día es de vital importancia.

La congruencia de los papás, por ejemplo, es importantísima para los hijos. Es casi la cuerda de la que pende su confianza, su seguridad y, mientras son pequeños, su vida entera. No importa que un papá sea un poco gordo o sea muy malo jugando Nintendo; pero importa que sea de una pieza; un ejemplo de referencia para sus hijos, con *Ethos* firme y presencia constante.

En la empresa, la congruencia del jefe resulta ser una de las armas más afiladas del *management*. Para poder ser exigente con los empleados, uno primero debe ser exigente consigo mismo.

Imagen, reputación, contactos y congruencia son los pilares que construyen el *Ethos* en una relación, y sin esa relación, no existe la comunicación.

Y así es como se pone gasolina al auto.

En distintos entornos, el *Ethos* se crea y mantiene de forma distinta. Veamos tres casos concretos: *Hablar en Público, la Familia y el Negocio.*

Ethos al hablar en público.

Hablamos aquí de casos en donde el público no conoce personalmente al orador; como una conferencia, una presentación o un profesor en su primer día de clases.

Cuando hablas a un público por primera vez, lo primero no es "llamar su atención" o "presentar un gran producto", sino establecer las cuentas de cheques y crear una relación de confianza, para responder la pregunta subconsciente en la mente de todos los presentes: **¿por qué habrían de escucharte?**

Lo recuerdo con claridad: mi primer concurso de **oratoria** hace muchos años. No; no diré hace cuántos; pero cierto es que estaba en secundaria, y esperaba con ansia mi turno para pasar ante los jueces. La primera concursante fue una niña de alguna otra escuela, impecablemente peinada, que subió al escenario muy, muy nerviosa, jugando con sus manos, temblando sus rodillas; con la cabeza baja, caminando como si la llevaran al cadalso. No había ninguna duda: estaba aterrada.

Cuando los jueces le dieron la indicación: "Puedes comenzar", esta niña se transformó ante mis ojos: levantó la espalda, compuso la pisada, clavó su mirada y empuñando el micrófono como un arco de guerra, comenzó su **discurso**.

Era como si fueran dos personas absolutamente distintas: la niña asustada, y la gran oradora.

No recuerdo si esa niña ganó o perdió el concurso (¿cómo me fue a mí? Sí que lo recuerdo: perdí), pero esa imagen me ha acompañado por décadas, y he visto replicarse la escena una y otra vez en distintos entornos: en conferencistas "expertos" y en líderes de negocios que suben al escenario; en *performers* de distintos tipos y en la mayoría de los concursantes de *reality shows* musicales.

Nos han enseñado por años que tu discurso empieza cuando empiezas a hablar, con sus primeras palabras. Pero esto es un error: **tu discurso empieza cuando entras en la habitación**.

La primera impresión ¿jamás se olvida? – Falso. Quien recuerde (¿y quién no recuerda?) la audición de la escocesa Susan Boyle en *Britain's Got Talent* en el año 2009 no podrá negarlo. Cuando entró, todos pensaron que era una perdedora. Cuando comenzó a cantar... la reacción cambió por completo. Por supuesto, el estar en el show le garantizaba la oportunidad de mostrar su voz. El mundo real no es siempre tan generoso.

Lo correcto es decir que *la primera impresión es muy difícil de cambiar.* En el escenario, en donde tenemos apenas unos minutos para conectar y convencer, **la primera impresión importa, e importa mucho**. Según Jack Schafer lo que conocemos como "primera impresión" dura en promedio siete segundos. Como seguramente recuerdas, es un espacio en donde de forma intuitiva decidimos tres cosas fundamentales.

1. Si la persona es una amenaza o no (y, por tanto, si hay que huir, o no).

2. Si la persona es de "nuestra tribu" y podemos confiar en ella.

3. La jerarquía relativa de esa persona dentro de nuestra tribu: su nivel de autoridad, éxito o riqueza; y si está "arriba" o "abajo" de nosotros en esa jerarquía.

Es por eso por lo que en casi cualquier curso de negociación se hace hincapié en momentos claves de todo encuentro; como la forma en que damos un apretón de manos; el orden en que saludamos a las personas y la forma en que vestimos en referencia con los demás. También notamos la mirada, la sonrisa y la atención que prestamos a la otra persona. Todo esto sucede *antes* de que empecemos a hablar en una situación social. Y, aunque muchos lo olviden, también en una presentación en público o discurso.

Antes de que empieces a hablar, si el público te ha visto al menos siete segundos, entonces ya ha decidido si eres "de su tribu", si eres una amenaza y si tienes algún tipo de autoridad. ¡Aprovecha esos segundos antes de empezar a hablar para causar una gran impresión y darles un gigantesco impulso a tus propias palabras!

Estas son algunas ideas que puedes tomar en cuenta:

1. ¿Nervioso? Haz lo que tengas que hacer antes de aparecer en la habitación. Hay distintas técnicas para superar el pánico escénico o el nerviosismo. Además de éstas, distintas personas tienen distintos rituales: brincar, bailar, dar vueltas. Cuando estoy nervioso, yo suelo cantar. Cada uno hace lo que puede. También tenemos muestras visuales, involuntarias, de nerviosismo, tales como caminar de un lado para otro, encorvar los hombros o agarrarse las manos. No tiene nada de malo: a todos nos pasa.

Como sea, trata de hacer todo esto *afuera* de la habitación o el auditorio, y toma compostura antes de que el público pueda verte. Domina tu primera impresión y deja todo el estrés afuera.

2. No entres en la habitación hasta que sea tu turno de hablar. Una forma de facilitar esta transición es esperar afuera de la habitación, justo hasta el momento en que te anuncien, o tengas que entregar tu discurso. De esa manera maximizas el efecto potente de la primera impresión; el público ve por primera vez cómo vistes y cómo te mueves; y es más sencillo mantener el acto por diez segundos intensos que por minutos, u horas.

No siempre es posible hacer esto. En una cena o ceremonia, muchas veces estarás en la habitación mucho tiempo antes de empezar a hablar. Si es así, procura mantener un perfil bajo durante el tiempo previo a tu discurso. Que cada persona "note" que estás allí hasta el momento en que realizas tu entrada triunfal.

3. **Camina con presteza y domina la habitación.** La postura es un mensaje impresionante. La buena postura transmite confianza; y la confianza transmite autoridad. En la mente del público, quien exuda confianza seguramente lo hace porque domina su tema y, además, dice la verdad. La percepción de la audiencia para alguien nervioso e inseguro es inevitable; solo puede tener dos causas: **o el orador no sabe lo que dice, o está mintiendo.**

Camina con seguridad, en pasos fuertes, relajados, y pisando con toda la suela. Echa los hombros atrás y levanta el mentón. Llena la habitación con tu presencia y **nunca, pero nunca, pidas perdón por tomar el escenario.** Si lo que vas a decir vale la pena ¿Por qué pedir perdón? Y si no vale la pena, es mejor no tomar el escenario.

4. **Observa a todo tu público antes de empezar a hablar.** Recuerda que la comunicación es, ante todo, *relación*. Y **la forma más rápida y efectiva de lograr una relación es el contacto.** El contacto físico es inmensamente poderoso, pero es poco probable que puedas tocar físicamente a todo tu

auditorio (aunque los políticos no dudan en intentarlo). Lo segundo mejor es el **contacto visual**. Desde el primer momento en que pones un pie en el salón o el escenario, dirige tu mirada al público: conecta miradas directas a los ojos de la audiencia que tengas más cerca; salúdalos con la cabeza, sonríe ampliamente.

La mirada, la sonrisa y el leve saludo con la cabeza son **la señal universal de pertenencia,** y transmiten inmediatamente amistad, confianza y conexión: estás diciendo a las personas: no solo estoy confiado, sino que confío en ti; somos del mismo equipo, la misma tribu, la misma familia. Estamos juntos en esto.

Así que no corras. Igual que en una cena familiar, saluda a tus tías antes de sentarte a la mesa. No te llevará más que unos breves (y casi imperceptibles) segundos, pero hará toda la diferencia.

5. Tómate uno o dos segundos antes de tu primera palabra: espera el silencio. Por último, nunca empieces a hablar hasta tener un mínimo de atención. No trates de "ganarle" al ruido gritando, o te lances a declamar tu discurso mientras todo el mundo está platicando. Esto es especialmente difícil en auditorios abiertos, y un verdadero reto si el público está comiendo. Como sea; posiciónate frente al micrófono, di "buenos días" con mucha confianza y optimismo y **espera unos segundos** hasta que las personas guarden silencio y pongan atención. Si hace falta, di "buenos días" una vez más. Esto es absolutamente crítico: tu autoridad exige silencio.

Cuando las personas hayan puesto atención, entonces sí, puedes empezar tu discurso hablado, siguiendo una estructura bien desarrollada y utilizando todas las herramientas que tengas a la mano. Pero nunca te olvides: los **primeros diez segundos de un discurso... suceden antes de que abras la boca.**

Ahora: Si tu nombre o fama te preceden (quizás has publicado libros o aparecido en televisión), entonces comienzas la relación con tu cuenta en positivo. **Estas personas confían en ti antes de que empieces a hablar**, y eso es una gran ventaja.

La forma en que entras al salón; cómo te vistes y cómo te mueves, también establecerán parámetros de tribu, lenguaje, estilo y experiencia. **Tu imagen importa** no porque seas o no atractivo, sino porque establece *quién eres, cómo eres, qué haces y cómo lo haces* aún antes de que empieces a hablar.

Si haces bien tu trabajo, tendrás una cuenta de cheques fuerte mucho antes de empezar tu discurso.

En algunos entornos académicos o culturales, se suele leer el perfil curricular del orador, para informar al público de manera formal sobre tu experiencia y tus estudios. Todo eso no hace sino construir la **autoridad** con la que estás hablando y establecer una relación de confianza *antes* de iniciar la charla.

Es hora de empezar a hablar.

El esquema tradicional de un discurso sigue cinco partes del proceso: gancho, introducción, desarrollo, exhortación y conclusión.

La forma en que muchas escuelas se aproximan a este esquema suele ser incompleta, porque utilizan el gancho o la introducción solamente para llamar la atención o introducir al tema.

¡Espera! Utiliza los primeros segundos o minutos de tu discurso para establecer una relación humana de confianza. Necesitas que el auditorio *confíe* en ti antes de presentarles tus ideas o de pedirles atención o cooperación. En otras palabras: **no puedes hacer retiros de la cuenta antes de hacer depósitos.**

La Charla TED más famosa de todos los tiempos es la de Sir Ken Robinson: "Cómo las escuelas matan la creatividad", en la que presenta su famosa teoría de *El Elemento*: el éxito que se halla en donde las pasiones y los talentos se encuentran.

A pesar de que Sir Ken Robinson es un experto renombrado en el tema y cuenta con autoridad técnica suficiente para hablar de esto en cualquier foro, la plática inicia de forma distinta a la que uno esperaría.

De hecho, Sir Ken emplea casi dos terceras partes de su charla hablando de asuntos que no son el tema principal. Empieza por contar una anécdota graciosa de cuando su familia se mudó a Estados Unidos, crea un ambiente distendido con un poco de comedia autocrítica y aparece como un tipo amable, divertido, jovial y confiable.

Es decir, invierte tiempo en establecer una relación de **autoridad moral** antes de utilizar la técnica que por derecho le pertenece. Indirectamente, dice "no solo sé de este tema; también puedes confiar en mí; nos hablamos de tú, somos amigos, compartimos historias". El resultado está a la vista y esta Charla TED le convirtió en el experto más famoso de la materia a nivel mundial y catapultó la venta de sus libros hasta convertirlos en *best sellers*.

En un discurso o charla, procura presentar una o dos ideas principales (no más), y revestirlas de interacciones que creen un vínculo de confianza y amistad entre tu público y tú.

Una broma suele ser un gran catalizador. La risa relaja los músculos, crea una relación y produce dopamina, el neurotransmisor encargado de **crear conexiones**. No se trata de que cuentes "chistes" forzados, sino que te ejercites en el hábito de contar historias y anécdotas de forma atractiva.

El *storytelling* o la capacidad de contar historias es, probablemente, el arma más poderosa y más afilada en el manejo de audiencias. Nuestros cerebros evolucionaron para contar y escuchar historias, y éstas tienen un impacto formidable en nuestros cerebros. Crean conexión, interés; tienen alto impacto y alta recordabilidad.

Hablaremos un poco más de esto en el segundo paso, pero hasta entonces, recuerda esta idea: los grandes oradores y maestros no dan datos o hacen reglas: **cuentan historias.**

Los discursos, como proceso cerrado, cumplen los tres pasos de la comunicación: gasolina, motor y volante. Cuando hagas un discurso, empieza por la gasolina: crea una relación.

El Ethos en la familia.

Las relaciones familiares son las más complejas, duraderas y enriquecedoras de nuestras vidas, y forman nuestro carácter en muchas maneras, además de representar una gran pieza en el pastel de nuestra felicidad.

Comunicar en la familia no sigue reglas distintas al resto de las interacciones. Aunque las circunstancias *sí* son distintas, las reglas universales de la comunicación, los tres pasos, subyacen en todo momento y a lo largo de una relación que dura toda la vida.

Hemos hablado ya de la cuenta de cheques en el matrimonio, y la regla es sencilla. ¿Quieres un matrimonio a prueba de divorcio? **Mantén esa cuenta de cheques bien alimentada.** Es seguro que cometerás errores; pero estos no serán fatales si la cuenta de cheques está en sólidos números positivos.

Dentro de la familia, los padres cuentan con autoridad formal sobre los hijos, y tienen la potestad moral y legal para tomar decisiones que afectan la vida de éstos en todas las etapas de su crecimiento: en qué ciudad viven, en qué colonia, en qué escuela estudian y quiénes son sus primeros amigos. Los papás ponen las reglas de la casa: horarios, códigos de vestimenta y lenguaje, limitaciones, áreas, permisos y penalizaciones cuando es pertinente.

La aproximación de la vieja escuela en la educación de los hijos –la escuela autoritaria– toma esta autoridad formal (que es real, legítima y positiva) y la coloca en el centro de la comunicación. Los padres ordenan y los hijos obedecen. Fin de la historia.

El problema con esta visión es que la comunicación basada en la autoridad formal ignora las dimensiones propias de cada persona y establece una relación en donde la comunicación es por completo unilateral: el padre habla y el hijo tiene que escuchar y obedecer.

Es decir: los padres hacen constantes retiros de la cuenta de cheques, pero ningún depósito. A la larga, los hijos se tornan rebeldes, no escuchan, no reciben consejos y los castigos dejan de tener efecto. Es una relación de *lalalás*.

Si quieres crear un entorno en donde tus hijos quieran escucharte, no trabajes en argumentos o en castigos más agresivos: trabaja en la relación.

En las relaciones de larga duración, el depósito principal en la cuenta de cheques se llama **presencia**.

En su libro *The Like Switch, la Guía de Influencia de un Ex Operativo del FBI*, Jack Schafer desarrolla el tema de confianza e influencia en entornos de alto riesgo.

Jack relata cómo lograba crear puentes de confianza con personas con estas características: *lo primero es la presencia*. Si Jack quería aproximarse a una persona de interés, lo primero era establecer una autoridad difusa y moral a través de la presencia física en los mismos espacios que los otros espías.

¿Cómo podía lograr esto? Por ejemplo, si sabía el espía en cuestión frecuentaba cierto bar o restaurante, Jack se daba a la tarea de asistir al mismo lugar, día tras día, a lo largo de semanas o meses, sin entablar conversación o contacto alguno. Simplemente se sentaba a tomar una cerveza a la vista del personaje.

Tras varios encuentros sin conversación, el espía enemigo se iba acostumbrando a la presencia de Jack, estableciendo una relación difusa, natural y orgánica. Eventualmente, el espía *esperaba* ver a Jack en el bar, era ya parte de su rutina.

Cuando, tras meses de presencia sin contacto, Jack abría la conversación, por ejemplo, con un saludo amistoso y nada más, la aproximación no se sentía forzada ni impuesta. Eran "amigos" sin darse cuenta; formaban parte de una tribu común, y por tanto, podían iniciar una relación más cercana.

En la casa sucede igual.

Los padres tienen autoridad formal, pero esto rara vez es suficiente cuando se trata de temas álgidos, o cuando la cuenta de cheques está en negativo.

Si bien se ha popularizado el término "tiempo de calidad" para hablar de actividades especiales en la relación de padre-hijo, te propongo aquí un concepto aún más poderoso: **tiempo**. A secas.

Supongamos que tu hija mayor se acerca a la edad de las primeras fiestas y los primeros novios. Tú quieres –porque la quieres– acompañarla en este proceso y evitarle descalabros y riesgos graves.

Prohibiciones y amenazas servirán de poco. En donde habla el corazón, la cabeza no entiende; y la adolescencia tiene sus propios mecanismos de medición de riesgos, distintos a los tuyos. **Antes de prohibir ciertas fiestas o negarle ciertas amistades, es hora de revisitar nuestra cuenta de cheques.**

Para efecto de abrir canales de comunicación, todo tiempo compartido suma en la cuenta de cheques. Aunque no se tengan conversaciones profundas o experiencias inolvidables, cosas tan simples como ver la televisión juntos, comer juntos o estar en el jardín juntos (aunque se estén haciendo cosas distintas) pueden crear una diferencia masiva en el trato y percepción mutua. La cuenta de cheques empieza a nivelarse.

Después –y solo después– se pueden buscar actividades comunes que sean de interés mutuo. Quizás una película específica, salir de compras o pintar la pared del garaje. En este proceso, las dimensiones de ambas personas –la madre y la hija– empiezan a armonizarse. Todavía no comparte contigo sus romances y sus miedos, pero sí sus gustos, sus intereses y sus sueños.

A la vez que la cuenta de cheques engorda, nuevas formas de autoridad hacen su aparición. No solo autoridad formal, sino también autoridad difusa, de admiración y moral. Poco a poco tu hija empieza a darse cuenta de que eres alguien con quien se puede hablar, y que vale la pena escuchar.

Esa es la gasolina, y es el primer paso de la relación de comunicación.

El siguiente movimiento es la presencia específica en los espacios de interés de tus propios hijos. Eso implica salir de tu zona de control (tu casa) y viajar a sus zonas de desarrollo: su clase de baile, su presentación de karate, sus partidos de futbol; interesarse en sus libros, sus amigos, sus preocupaciones. La cuenta de cheques sigue subiendo y, a la par, la fortaleza de la relación.

Porque, a fin de cuentas, la comunicación no es el establecimiento de reglas, ni el informe de datos sino, sobre todo, **una relación.**

Quizás te tomó meses reinvertir en la cuenta de cheques, pero ahora tu hija estará más dispuesta a escuchar tus consejos. Tal vez no los obedezca siempre al 100%, pero por lo menos sabrá quién eres y tendrá un espacio para considerar tus argumentos.

En la casa más que en ningún lado, la presencia genera confianza... y el ejemplo autoridad moral. La forma en que tú vives tus propias relaciones –con tu esposo, con tus hermanos, tus amigos, tus enemigos- habla con un altavoz potente. El ejemplo es, para tus hijos, la referencia más poderosa en términos de autoridad moral.

Como hemos visto antes, la autoridad moral no atiende a lo que *dices* ni a *cómo* lo dices, sino a *quién eres*.

Si eres una persona de una pieza; si tratas a tu cónyuge con cariño y con respeto, y si tienes abiertas las líneas de comunicación con presencia física y la escucha, tus hijos e hijas tendrán una adolescencia menos violenta y más segura. Vale la pena intentarlo.

Una vez iniciada la conversación –cualquier conversación– procura seguir la regla del 80-20. Has de hablar el 20% del tiempo y escuchar el 80% del mismo. Permítete entrar en las dimensiones de tu interlocutor antes que forzarlo a entrar en las tuyas.

En la familia, la gasolina se crea de: presencia, escucha y ejemplo.

Ethos en la Empresa.

El primer paso en la comunicación se identifica con la pregunta ¿Y TÚ QUIEN ERES?; ya sea frente a un auditorio, en la familia o en el mundo de las ventas y los negocios. En el mundo de la empresa la comunicación toma la forma de dos conceptos fundamentales: hacia dentro, **cultura**. Hacia afuera, **reputación**.

En una de sus autobiografías, Sir Richard Branson –fundador del imperio Virgin- cuenta una historia cuya primera parte nos puede resultar conocida a muchos.

Cuando *Virgin Records* era apenas una empresa luchando por sobrevivir en la escena discográfica de los años '70, las ventas iban apenas bien, pero aún faltaba mucho por avanzar. Uno de sus clientes más fieles, una tienda de discos, buscó a Richard para comunicarle una de esas cosas que nadie quiere escuchar.

"Richard –le informaron con voz grave- uno de tus vendedores nos está ofreciendo una cantidad de discos a unos precios ridículos. ¿Está todo bien?"

No; no estaba todo bien. Resulta que el empleado en cuestión estaba robando –sí, robando- discos y vendiéndolos por debajo del precio para llevar su propio negocio a costa de la empresa. En cualquier empresa –y ante la ley- esto es más que suficiente para despedir a un empleado, y nadie criticaría tal decisión. Pero *Virgin Records* no era cualquier empresa, ni Richard cualquier jefe.

De hecho, Richard no es un jefe, sino un líder. La diferencia entre uno y otro es sencilla: **los jefes aman los resultados; los líderes aman a las personas.**

Richard llamó al empleado, a solas, y le informó lo que había pasado. Después, para su sorpresa, le informó que no lo iban a despedir; al contrario. Confiaba en que no pasaría de nuevo. El empleado, por decir poco, estaba asombrado… y muy agradecido. El mismo Richard relata que este joven tomó su segunda oportunidad muy en serio; se convirtió en un empleado modelo y años después llegó a ocupar puestos directivos en la organización.

Los dueños y directores tienen una tarea especial sobre los hombros, y su comunicación atiende reglas especiales. **No solo comunican con lo que dicen o lo que hacen. Sobre todo, comunican con lo que *son*.** Por eso la unidad de vida, la sinceridad y el carácter son elementos esenciales para su trabajo.

Como los directores suelen responder directamente a un consejo superior o a los *shareholders*, pueden muy rápido desconectarse de la realidad que operan: la del equipo de personas que trabajan para la empresa. Un director no es solo quien marca el camino y las estrategias, o apunta el dedo hacia el horizonte para que todos le sigan. En palabras de Carlos Llano – **lo importante no son las cosas que hacen las personas, sino las personas que hacen las cosas.**

Las empresas que pretenden maximizar las ganancias cada trimestre presionando todas las áreas de la empresa pueden caer en el grave error de observar a los empleados como fichas intercambiables, como meras piezas de una maquinaria de producción. No solo es cuestionable moralmente, sino que, además, resulta paralizante a largo plazo, pues genera alta rotación, baja satisfacción y nula lealtad de los empleados. Ningún empleado le será leal a un jefe o una empresa que no le es leal a él mismo.

El caso de Starbucks es notable en términos de lealtad y compromiso con los empleados, porque ha convertido la comunicación en cultura. **Pero la "cultura" va mucho más allá del discurso. No se trata solo de decir "aquí valoramos a nuestros empleados", sino de hacerlo incluso cuando las cosas se ponen difíciles.**

En abril de 2018, un gerente de Starbucks llamó a la policía para botar del local a dos hombres afroamericanos que esperaban a un amigo y no habían comprado nada. El incidente racial causó una crisis global para Starbucks y puso a prueba la cultura que pregonan. Una vez más, lo más sencillo habría sido echar al gerente a los lobos; despedirlo y deslindarse. Pero Kevin R. Johnson, CEO de la cadena, tomó un camino muy distinto.

No solamente no despidieron al gerente, sino que decidieron cerrar 8000 locales durante medio día (a un costo de varios millones de dólares) para realizar una capacitación sobre inclusión racial y servicio al cliente. El caso suele citarse en estudios sobre manejo de crisis, reputación de marca y tolerancia, pero poco se habla de la persona que jaló el gatillo de la crisis: el gerente. Digo que solo "jaló el gatillo" porque **un fallo en la cultura no es nunca culpa del empleado, sino de los líderes.** Remover al gerente no hubiera resuelto absolutamente nada. El CEO tuvo la visión para entender que el problema era más profundo y atender al problema de fondo. Les aseguro que no fue una decisión sencilla.

¿Cuál será la reacción del gerente ante lo ocurrido? El mensaje de la compañía es poderoso: no eres una pieza sin valor, reemplazable; eres parte de nosotros, y contigo vamos a crecer. A fin de cuentas, todos nos hemos equivocado; no una, sino cientos y miles de veces. Son las personas que nos quieren las que nos perdonan; no para que sigamos en nuestro error, nuestro vicio o nuestros malos hábitos, sino para ayudarnos a crecer sin perder la referencia al espacio a donde pertenecemos. Es decir: nos corrigen, pero no nos abandonan.

No estoy hablando aquí solo de caridad, ni recomiendo que te conviertas en un ingenuo del que todos abusan. Estamos hablando de comunicación en los negocios y del código de cultura que imprimes en tu empresa; ya sea un local con tres empleados o una gigante de 10 mil.

La cultura es la manera en que tu negocio comunica lo que es; hacia adentro y hacia afuera. No es un adorno cosmético, publicidad o slogan, sino la forma en que se viven los valores, la visión y la misión en cada momento de cada día.

La única forma de vivir la cultura es que ésta se encuentre impregnada en cada una de las personas que colaboran en ella; lo que después se contagia a la comunicad más amplia, a tu red de clientes, proveedores y sus círculos de influencia.

Pero ojo: no hay ningún número de capacitaciones que garanticen cultura. La cultura se comunica desde arriba, no solo con manuales y procedimientos, sino con ejemplo y relaciones humanas. La manera en que el dueño y el jefe tratan a todos en la empresa, desde el socio mayoritario hasta el último repartidor o mantenimiento, definen la relación en su modo más real.

Dicho en tres patadas: si tú apuestas por ellos, ellos apuestan por ti. Quizás tome tiempo; quizás signifique riesgo; quizás no lo parezca al principio, pero créeme: es la única manera posible de crecer con consistencia. Los empleados leales –y con ellos, los clientes- te seguirán a través de bosques oscuros y tormentas violentas, y te perdonarán cuando tú mismo te equivoques.

¿Quieres hablar de comunicación corporativa, cultura y negocios? Empecemos por donde hay que empezar: por las personas.

La tarea de un jefe es lograr que la relación con sus empleados sea tal que permita la comunicación de los aspectos operativos a través de un canal abierto, claro y franco. No se trata de "dar órdenes" y "poner controles" solamente, sino de crear un entorno en donde todos los empleados no solo *sepan* lo que tienen que hacer, sino que *quieran* hacerlo con entera libertad.

La cultura interna se proyecta hacia afuera. Primero hacia los clientes y luego a la opinión pública. Puedes gastar miles de millones en publicidad o mercadotecnia; pero es solo maquillaje si tu empresa no *es* lo que dice ser. La factura de una disparidad entre cultura y reputación es, eventualmente, la factura más cara que vas a pagar jamás.

En conclusión.

1. El primer paso de la comunicación es el *Ethos* o la relación que existe entre las personas.
2. La forma más efectiva de comunicar es crear una relación primero, transmitir ideas después.
3. Esta relación o autoridad es como la gasolina del auto. No importa que seas un gran piloto o un gran orador. Sin gasolina, tu auto no llegará a ninguna parte.
4. Las relaciones se logran comunicando con dimensión; es decir partiendo de que cada persona tiene un universo y una vida propia; preocupaciones y sueños que necesitan ser tomados en cuenta. Por tanto: ningún mensaje es útil a todas las personas por igual, ni tendrá el mismo impacto. Conoce a tu audiencia primero; conecta con ella; transmite después.
5. El error principal en la comunicación es la unilateralidad: que la comunicación solo fluya de una persona a otra.
6. La capacidad de comunicar con dimensión se conoce en psicología como asertividad: modular el mensaje con empatía, comprendiendo la complejidad

de la psicología del auditorio y las circunstancias propias de cada mensaje.
7. Los cinco niveles de la autoridad en la relación son: autoridad difusa, autoridad por admiración, autoridad formal, autoridad técnica y autoridad moral.
8. Los cinco niveles de autoridad no se excluyen entre sí. La comunicación más poderosa sucede cuando quien comunica personifica los cinco niveles de forma congruente.
9. El *Ethos* se forma con cuatro pilares: imagen, reputación, contactos y congruencia.
10. El *Ethos* es el arma más poderosa en la oratoria y en la vida; los negocios y la familia.

3. SEGUNDO PASO: INSPIRACIÓN.

Una historia tan antigua como el tiempo: Un joven de 24 años, Patricio, está perdidamente enamorado de una compañera de clases: Leticia. Su objetivo es lograr una relación exclusiva de compromiso; es decir, sueña con que Leticia sea su esposa.

¿Cómo puede lograr Patricio su objetivo?

Lo primero es, como hemos visto, el *Ethos*. ¿Quién es Patricio? ¿Cuál es su reputación y su posición dentro del grupo de la universidad? ¿Es un tipo *cool*, es un *nerd*, o pasa por completo inadvertido? ¿Cuál es su imagen, cuál es su estilo?

Quizás a Leticia le gusten los nerds; quizás no. De la percepción que tenga Leticia sobre Patricio dependerá todo el plan, y este plan puede tener varias distintas opciones.

Lo único que es seguro es que Patricio no puede llegar de buenas a primeras a la casa de Leticia y pedirle que sea su esposa, con todo y anillo de diamantes. Eso sería desastroso. De hecho, patético ¿Por qué?

Como establecimos al inicio del libro:

1. Toda la comunicación entre seres humanos atraviesa por tres pasos.
2. Los tres pasos tienen que suceder en orden secuencial.
3. Si te saltas un paso, el siguiente no funcionará, o funcionará deficientemente

Si Patricio se salta los pasos y se presenta sin aviso en casa de Leticia para pedir su mano, Leticia le dirá que no, independientemente de que Patricio sea o no sea buena persona, o de que, quizás, el matrimonio sea una buena idea.

¿Por qué? Porque como ya sabemos, **las ideas no importan** si no se plantean dentro de la relación adecuada en el entorno adecuado.

Lo primero que tiene que hacer Patricio es establecer su *Ethos*. Tiene que hacerse notar; tener presencia en los mismos espacios físicos que Leticia, coincidir en fiestas; encontrar contactos comunes; abrir conversación. Leticia tiene que saber que Patricio existe, y obtener una percepción positiva de su reputación y autoridad moral *antes* siquiera de considerar una relación romántica. Patricio puede hacerle regalos no agresivos: prestarle un lápiz, ayudarle con la tarea, cambiar la llanta de su auto.

Aunque Patricio se muere de amor y quiere lanzarse al océano del romance inmediatamente, debe contenerse. El *Ethos* es lo que permite que, para empezar, Leticia abra la puerta de la comunicación.

Este mismo error (dar al anillo antes de crear una relación) es lo que cometen los oradores novatos, los vendedores voraces, los jefes impositivos, los papás ausentes.

Toma nota: no puedes convencer a nadie de nada, si antes no creas una relación y una conexión emocional. Visto así, **todo proceso de comunicación es un proceso de enamoramiento.**

Una vez establecida una relación, y que Leticia ha abierto la puerta a la posibilidad –y solo entonces-, Patricio puede proceder al siguiente paso de la comunicación.

El primer paso de la comunicación es la relación de confianza, o *Ethos*.

El segundo paso de la comunicación es la conexión emocional, o *Pathos*.

Pathos es la palabra griega que Aristóteles utiliza en su libro de la *Retórica* para describir las emociones, sentimientos o pasiones de las personas.

Si el *Ethos* es la gasolina, el *Pathos* es la llave de ignición. No se puede manejar un auto si no se cumplen estos dos pasos primordiales. No importa que sea un Ferrari; no importa que seas el mejor piloto del planeta. Estas reglas son universales y de potencia cósmica: tienes que tener gasolina y encender el auto antes de avanzar con él.

Volviendo a nuestro enamorado, Patricio tiene ahora la ardua tarea de cumplir el segundo paso: atender los sentimientos de Leticia. Es decir: lograr que ella se enamore también.

Animales... ¿racionales?

Los seres humanos compartimos procesos evolutivos con otras especies. Fue solamente durante los últimos cientos de miles de años que nuestra especie, el *Homo Sapiens* fue desarrollando sus características peculiares; entre ellas, el caminar erguidos y expandir nuestra capacidad cerebral para realizar operaciones mucho más complejas, como el lenguaje, las herramientas, la autoconciencia y la escritura.

No cabe duda de que, como especie, poseemos mayores herramientas intelectuales que todos los animales; y por más inteligente que parezca un gorila o un delfín, es 100% seguro que no podrá imaginar, diseñar o construir una computadora; ya no digamos un pastel.

Algunos antropólogos nos han definido como "animales racionales", y eso es genial, porque nos coloca en un plano distinto.

Pero... ¿qué tan racionales somos en verdad?

Nuestro cerebro tiene algunas estructuras más antiguas que otras. Las más antiguas -a las que algunos autores llaman "cerebro reptiliano"- controlan los procesos autónomos, como la respiración y la circulación. Otras estructuras más complejas, conocidas como el sistema límbico, regulan nuestras reacciones instintivas y emociones básicas, como el placer, el miedo o el enojo. La tercera estructura es el cerebro moderno de mamífero, o neocorteza. Es característico de los mamíferos más evolucionados y es responsable del pensamiento avanzado, la razón, el habla, la planificación, la abstracción, la percepción y lo que en general llamamos funciones superiores.

La inmensa mayoría de las decisiones que tomamos cada día se generan no en la neocorteza, o en el intelecto; sino en el sistema límbico; en concreto en la amígdala, que es la estructura encargada de controlar las emociones.

Las emociones o sentimientos son procesos instintivos y no voluntarios. No "decidimos" sentirnos de una u otra forma, sino que nuestro cuerpo reacciona de manera automática ante impulsos que le muestra el mundo externo, o a operaciones corporales internas de carácter químico.

Esto es así porque las emociones y las pasiones tienen como objetivo evolutivo el mantenernos con vida. Nos impulsan a beber, comer, reproducirnos y escapar de posibles depredadores. A nadie se juzga por tener hambre, miedo o sentirse atraído por una persona del sexo opuesto. Los sentimientos y emociones carecen de valor moral; no son ni buenos ni malos; son una reacción biológica de nuestro cuerpo.

Claro; lo que decidimos hacer con estos sentimientos es lo que nos diferencia de otros animales. Aunque sintamos hambre, podemos esperar, elegir mejores alimentos e incluso dejar de comer por ayudar a otros. El sentirnos atraídos por una mujer hermosa no implica que podamos lanzarnos inmediatamente, como ratones; sino que otros valores superiores –el pudor, el respeto, el matrimonio- toman precedencia sobre nuestros instintos inmediatos.

¿Has notado cómo muchos de nuestros sentimientos se relacionan lingüísticamente con partes del cuerpo? Cuando algo nos agrada, decimos que "nos gusta" (lengua). Cuando intuimos que algo es bueno, decimos que "nos late" (corazón). Patricio, cuando ve a Leticia, siente "mariposas en el estómago". Esto es así por una sencilla razón: los sentimientos son biológicos, no intelectuales.

Los sentimientos existen para "movernos" a hacer alguna cosa ¡la que sea!

Piensa en un pequeño venado, quien de pronto se encuentra con un lobo gigantesco. El cerebro instintivamente reconoce un riesgo y la amígdala entra en acción.

No hay tiempo para pensar y no hay tiempo que perder. La amígdala dispara una de las tres respuestas primarias ante la amenaza: paralizarse, correr o pelear (*Freeze, Flight or Fight*) y el cervatillo sale corriendo inmediatamente. No es una "decisión" en el sentido estricto de la palabra, sino una "reacción" que parte del instinto.

Los seres humanos podemos controlar nuestros instintos usando nuestras potencias superiores, pero la mayoría de las veces, ni siquiera es necesario hacerlo; y usamos los sentimientos como atajos para tomar decisiones cuando:

a) No tenemos los datos completos para una decisión racional.
b) No queremos hacer el esfuerzo; es decir, es un asunto de poca importancia.

Por ejemplo, sientes hambre y vas a la tienda a comprar una botana. ¿Qué botana comprarás?

Si quisiéramos un proceso racional completo, a través de un método basado en hechos y valoración de variables, entonces tendríamos que tomar los datos nutricionales y otros ponderables de todas las botanas. ¿Cuál es la que tiene mejor sabor? ¿Cuál es más sana o nutritiva? ¿Cuál contamina menos el ambiente? ¿Cuál ofrece la mejor relación costo-beneficio? ¿Cuál es la mejor, sumadas todas las variables, pros y contras?

En la realidad, nunca realizamos ese proceso completo y tomamos una elección con variables incompletas. Solemos elegir a partir de *ethos* (la marca del producto), o en virtud de una emoción o antojo ¿cuál me gusta más? Y esa compramos. Esto representa un ahorro de tiempo y energía en decisiones menores. ¿Qué me pongo hoy, qué refresco tomo, qué pongo en la TV? Si quisiéramos medir siempre todos los pros y los contras en cada decisión, entonces sufriríamos de una permanente parálisis por análisis: nunca podríamos decidir nada.

Si eligiéramos cada cosa con la cabeza y no con el estómago, entonces nadie tendría sobrepeso, comería *Cheetos* o fumaría. Todos *sabemos* que estas cosas nos hacen daño, pero igual las hacemos. Porque, a fin de cuentas, no somos tan racionales como quisiéramos pensar. Nos gustan las cosas, las personas, las palabras y los lugares que nos hacen sentir bien.

Para decisiones pequeñas de compra o situaciones cotidianas que no tienen gran importancia, esto puede no representar un gran problema. Pero **también tomamos grandes decisiones basándonos en pasiones corpóreas o inclinaciones emocionales**. Noviazgos, matrimonios, negocios, carreras, viajes, gastos inmensos que elegimos porque "nos late", nos "gusta", se nos "antoja" o porque estamos enamorados.

Este libro no es un tratado de psicología humana. La manera en que los neurotransmisores operan; el placer que nos causan algunas cosas y el dolor que nos infligen otras, nos ayudan a navegar el mundo con todas nuestras limitaciones. A fin de cuentas, si careciéramos de emociones o nunca les hiciéramos caso, no seríamos humanos siquiera, y muy pronto estaríamos muertos.

Las emociones son mecanismos de supervivencia y por su localización en el sistema cerebral, nos mueven a la acción de forma poderosa.

También son nuestro filtro ante el mundo y sus posibilidades. Las emociones son las que deciden, con datos incompletos, si algo puede ser elevado a consideración de la razón. Son las que encienden el movimiento y las que conectan el interés de las personas.

En nuestro "auto de la comunicación", las emociones son la llave que enciende el motor. La llave enciende el motor que mueve al auto; sin ella, el auto no caminará.

Por ello, la siguiente labor de Patricio es enamorar a Leticia. No puede dar aún el anillo; primero tiene que hacer junto a ella un viaje de emociones: de pasión, romance, bienestar y deseo, durante el cual ambos van conociéndose y recolectando datos que, eventualmente, les permitirán comprometerse a largo plazo.

Pero no te confundas: comunicar no es informar. Comunicar es, primero, conectar e inspirar.

De la información a la inspiración.

Durante siete años tuve el privilegio de co-conducir un noticiero de televisión, junto a Karina Michel, en el canal 8 de Guadalajara. Era un noticiero en vivo, de casi dos horas, que se transmitía de lunes a viernes al mediodía.

Nunca antes había tenido mi propio programa de televisión, y traté de aprender de otros conductores y hacer muy bien mi trabajo, de forma seria y responsable.

Así que cada día recibía mis notas y las leía completas, tratando de decir siempre la verdad y manteniendo al público informado. Pensaba que la seriedad y la verdad harían de mi noticiero un éxito, pero esto no sucedió. No lograba conectar con la audiencia, recibía pocas llamadas e interacciones en línea.

La mayoría de las personas, si les preguntas, te dirán que miran un noticiero para estar informadas, y por ello, en teoría, deberían favorecer aquél que siempre les informa bien.

En realidad, me tomó dos años de estar al aire todos los días, más de mil horas al aire, para convencerme de que **la mayoría de las personas no quieren estar informadas, sino ser inspiradas.** No buscan a alguien que les dé todos los datos, números y resultados, sino alguien que les facilite la tarea de tomar una decisión; que les diga no solo qué pasa, sino cómo sentirse con lo que está pasando.

Es decir, instintivamente buscan alguien que no solo presente datos, sino que les ayude a dar *sentido* a estos datos. De otra manera, los datos son muertos, vacíos y silenciosos.

Un gran comunicador en el escenario, en la familia, en la empresa, debe ser capaz de inspirar a las personas. Es decir, debe aprender a encender sus emociones. Solo hasta que un conocimiento se une con un sentimiento es capaz de ser recordado, interiorizado y aprovechado.

Las maestras de preescolar conocen muy bien esta realidad, y buscan crear lo que llaman "aprendizajes significativos", que consisten en combinar la transmisión de información con una experiencia emocional positiva. De esta manera graban en la mente y en el corazón de sus alumnos aquellas cosas que son importantes para ellos.

Bien utilizadas, las emociones pueden ser un catalizador increíble para la toma de decisiones, el compromiso y la lealtad. Los discursos poderosos utilizan las emociones para crear conexión e impulsar al movimiento.

Todas las cosas tienen un valor individual objetivo; y todas las personas un valor individual infinito. Pero para cada uno de nosotros, las cosas y las personas que queremos valen muchísimo más.

Los números, los datos, los porcentajes y tablas no nos causan ningún impacto, a menos que estén conectadas con una emoción concreta. El cerebro humano es pésimo para evaluar números abstractos y cantidades grandes.

Por ejemplo, si yo te digo en mi noticiero que Arabia Saudita produjo 4,000'000,000 (cuatro mil millones) de barriles de petróleo en 2018, a menos que seas experto en el tema, eso no significa nada para ti. No te hace sentirte bien ni mal. Carece de contenido emocional y de referencia. No sabes si es una "buena" noticia o una "mala" noticia. No significa nada: es un dato que te es inútil, y que pronto olvidarás.

Los políticos que no saben comunicar basan sus campañas en datos duros, números, estimaciones y estadísticas para parecer "expertos" y "bien preparados". La intención es buena, pero el resultado suele ser malo. Las personas no lo sabemos, pero las cantidades y las gráficas nos aburren muy rápidamente ¡es imposible conectar con un montón de numeritos! El político que es un hábil comunicador, que sabe remover las emociones de sus votantes y hacerlos soñar con un futuro posible.

Incluso los seres humanos lejanos y sin rostro pueden carecer de interés emocional si se transforman en números. Si la noticia fuera "30 personas murieron ahogadas en una aldea de Nigeria", apenas sentirás algo. Esto no significa que no seas humano: significa que lo eres.

Solo las emociones hacen que algo "nos importe". Y es labor de quien comunica crear o transmitir esas emociones.

Las cosas toman importancia emocional mientras más se acercan y adentran en nuestras propias dimensiones.

Usaré este ejemplo (que es, además, falso) de la noticia sobre 30 personas ahogadas, para explorar estos mecanismos. De entrada, el número llano nos dice muy poco. Si en vez de 30 fueran 40 (un 25% más) de muertos, por ejemplo, es poco probable que sintieras un 25% más de pena o de dolor. Sigue siendo un número, y somos muy malos para procesar números.

Pero si te dijera que estas 30 personas no murieron en Nigeria, sino en tu propia ciudad. ¿Cambiaría la forma en que recibes y procesas la noticia?

Ojo: en términos absolutos el daño es el mismo: 30 personas murieron. Pero por el hecho de estar más cercanas a tus propias dimensiones: tu país, tu ciudad, tu familia, tu casa, su valor percibido aumenta exponencialmente. Definitivamente esto SÍ te interesa.

¿Y si te dijera que, de estas 30 personas, 20 son niños? Vaya, solo el hecho de que lo escriba aquí, a pesar de que tú y yo sabemos que es falso, te hace sentir un poco incómodo. Así funcionan las emociones.

Si, además, tú eres madre o padre de niños pequeños, la historia te será mucho más impactante, porque se interseca con más y más de tus propias dimensiones. Es una historia que te "llega", te "pega", te "toca"... y sin lugar a dudas, te interesa.

A pesar de que te causa tristeza, sientes la necesidad de saber más. ¿Cómo murieron? ¿Por qué murieron? ¿Estoy yo en riesgo? ¿Lo están mis hijos?

Podemos ir aún más lejos, *humanizando* a estas personas; conociendo sus nombres, sus rostros, sus familias. En tanto que el número cobra rostro, nuestro impacto emocional aumenta y el interés sigue subiendo.

Con solamente dos nuevos datos, la noticia pasó de ser un número vacío a una historia de interés. Ese es el poder de la comunicación con dimensiones y del *Pathos* como herramienta de comunicación.

Solamente hasta que las personas tengan una conexión emocional contigo y con el tema, puede proceder el sistema de comunicación.

>El primer paso, el *Ethos*, la gasolina, responde a la pregunta ¿por qué debería escucharte a ti?
>
>El segundo paso, el *Pathos*, la llave, responde a la pregunta ¿y por qué habría de interesarme esto?

Sin gasolina y sin llave, el auto no avanza ni avanzará.

Diez formas de emocionar a tu audiencia.

1. Contacto.

Es tan sencillo como esto: sin contacto no hay conexión emocional.

Quizás parezca demasiado obvio y, sin embargo, es una de las características comunicativas que más comúnmente los oradores novatos tienen a olvidar.

Hablo en concreto de tres tipos de conexión: visual, espacial y física.

¿Quieres conectar con tu audiencia o con las personas que estás hablando? **Empieza por mirarlos a los ojos.**

Todos hemos escuchado el concepto clásico de la oratoria: "mira de un lado a otro, a toda la audiencia. Si te sientes nervioso, mira por sobre la audiencia, a la pared de atrás...". Este consejo es bien intencionado, pero equívoco. Te pongo uno más sencillo:

Mira a la audiencia a los ojos.

Esto inicia por levantar la vista del papel en el que escribiste tu discurso. Nada me desespera más que un presentador, maestro de ceremonias o personalidad que lee todo su discurso y jamás mira a la audiencia. Es sencillamente antinatural. Jamás hablarías así con un amigo o un hermano. ¿Por qué hacerlo en un espacio que requiere aún más atención y conexión?

No tiene nada de malo llevar tu discurso por escrito; pero si éste va a ser un ancla de la cual no puedas levantar el rostro, entonces idéate otros sistemas. Algunos memorizan; otros llevan tarjetas con puntos clave; otros más improvisan. Realmente, con un poco de práctica, podrás leer y levantar la vista de forma intercalada y natural.

Ahora: nada de mirar a la pared de atrás, o a la frente de las personas, o al piso, o al cielo. **Habla a los ojos.** No tengas miedo. Y si tienes miedo, ensaya poco a poco hasta que te vayas acostumbrando.

¿Cómo va Patricio a enamorar a Leticia si no la mira a los ojos? ¿Cómo va una madre a consolar a sus hijos si no les mira a los ojos? ¿Cómo piensas convencer a tus clientes si no eres capaz de mirarles a los ojos?

La mirada franca y directa transmite confianza, honestidad y transparencia. Quienes no miran a los ojos se consideran sospechosos, mentirosos y de oscura conciencia. A fin de cuentas, **los ojos son las ventanas del alma**. Mateo 6:22 dice: "Los ojos son el reflejo de tu carácter. Así que, tu bondad o tu maldad se reflejan en tu mirada".

La mirada tiene el poder de conectar al punto de convertir un total desconocido en una relación humana inevitable. Todos los días pasamos cerca de miles de personas en la calle, en el trabajo, en el automóvil. No nos detenemos a pensar en cada una. De hecho, para efectos prácticos, son solo objetos o números. No causan en nosotros impresión emocional alguna.

Cuando de pronto nuestra mirada se cruza con la de otra persona, algo maravillosamente cósmico sucede, y aquel objeto se convierte en ser humano. Un ser humano al que –ojo– nos sentimos inclinados a reconocer, saludar y ayudar. El solo contacto visual crea una relación, y es tu primera arma –y una de las más increíblemente poderosas– en el arsenal del *Pathos*.

Si tu hijo pequeño quiere contarte algo –o tú quieres decirle algo a él– agáchate a su nivel; míralo a los ojos y habla con franqueza.

Si tienes una cita en tu oficina; cliente, empleado o socio, **deja tu teléfono de lado** y dedícale la mirada de frente, sin interrupción.

En un auditorio, haz contacto visual individual con tantas personas como puedas; y visita todas las zonas de la sala con tu mirada.

Si hay cámaras, mira a la cámara de frente de cuando en cuando, sobre todo cuando tengas que decir algo de particular relevancia.

Cuando te cases, por favor, di: "Sí, acepto", mirando los ojos de tu esposo o esposa.

Ahora tomemos esto un paso más adentro.

No solo el contacto visual tiene su magia. El contacto espacial o físico causa una conexión poderosa e inesperada.

En un estudio se ha replicado muchas veces a lo largo de los años, pero que fue hecho por primera vez en 1984 por los investigadores Crusco y Wetzel[1] en Paris, se realizó el siguiente experimento:

En un ambiente controlado (un restaurante), durante la duración del experimento, los meseros y meseras podían tocar (o no) al cliente con un pequeño toque en el hombro o al entregar la cuenta. Era un contacto no intrusivo, no

---

[1] Crusco, A. H., & Wetzel, C. G. (1984). The Midas touch: The effects of interpersonal touch on restaurant tipping. *Personality and Social Psychology Bulletin, 10*(4), 512-517.

agresivo y no sexual; casi inconsciente. Un mínimo contacto físico.

Los resultados del experimento fueron absolutamente concluyentes: las propinas fueron, en promedio, 42% más altas para los meseros y meseras **cuando hicieron contacto** que en aquellas veces que no lo hicieron. En muchas de las ocasiones, los comensales ni siquiera fueron conscientes de esta conexión, y no supieron explicar su reacción. Simplemente dieron una propina mayor.

Como he dicho, el experimento ha sido replicado en otros años, en otros lugares y por otras personas, siempre con la misma conclusión. Este efecto se conoce como "El Toque de Midas", por el título del estudio original y se usa como base en un sinfín de estudios psicológicos, sociológicos y económicos.

No hay duda: el contacto causa conexión emocional. Un apretón de manos es mejor que una mirada, y un abrazo más profundo que un apretón.

En muchos espacios de la comunicación el contacto físico es aceptado y puede ser utilizado. Con tus hijos y tu pareja, es un generador de conexión y de *cheques* con favor a tu cuenta. En entornos de negocios, un apretón de manos o una palmada en el hombro pueden ser utilizados con prudencia y tiento, y siempre reportan buenos réditos.

Frente a una audiencia, es imposible ir tocando en el hombro a cada uno de tus 30 alumnos o 200 asistentes en el público. Sería impráctico, inapropiado y absurdo. ¿La siguiente mejor opción? ¡Acércate!

La cercanía física crea un campo magnético de conexión no directa, y acerca hasta intersectar las dimensiones de ambas personas. Así que.... ¡acércate!

Es una extensión de la regla de la presencia que vimos en el primer paso. Hay que *estar* y además, estar *cerca*.

En un entorno de negocios, como una expo o conferencia, puedes elegir sentarte *cerca* de las personas que te interesa más conocer. ¿Van a tomar una foto? Ponte justo al lado de la persona. ¿Lo vas a saludar de mano? No solo le des la mano; tócale también el hombro. El contacto causa conexión.

¿En una clase o conferencia? Muévete y desplázate de forma que puedas acercarte tanto como te sea posible con todos los asistentes. A veces puedes circular por los pasillos o acercarte a la primera fila. Si no puedes bajar del escenario, desplázate a los extremos, acercándote a la audiencia. Si estás amarrado a un atril, utiliza la mirada de forma muy consciente para crear esa conexión.

Mira a las personas. Haz contacto con ellas. Es el gran multiplicador en la comunicación, y una llave formidable para encender el auto.

2. *El efecto espejo.*

He aquí la razón por la que raramente recomiendo aprender de memoria o leer un discurso completo: no nos permite transmitir plenamente nuestras propias emociones. Y dejarle sentir al público lo que *nosotros* sentimos es una de las formas más sencillas de lograr que ellos lo sientan también.

Nuestro cerebro posee una serie de neuronas encargadas de facilitar las interacciones sociales, sobre todo a partir de la imitación de los sentimientos de otras personas. Estas neuronas se suelen llamar "neuronas espejo". Las personas con altos niveles de empatía tienen estas neuronas fortalecidas a través del hábito.

De forma natural e instintiva, todos los seres humanos enganchamos nuestros propios sentimientos con aquellos de las personas con que entramos en comunicación. Estamos contentos cuando otros están contentos; serios si todo el mundo está serio, y llegamos a las lágrimas cuando vemos a alguien quebrarse bajo el peso de sus propias lágrimas. Esto es gracias a nuestras neuronas espejo.

A la hora de comunicar, es importante que tú mismo seas capaz de transmitir, de manera natural, las emociones que planteas con tus palabras. Para eso, debes ser capaz de escuchar y sentir lo que tú mismo estás diciendo; lo que es imposible (o muy difícil) si lo recitas de memoria, como tablas de multiplicar, o lo lees como un robot.

¿Quieres que tu público llore? – llora.

¿Quieres que tu público ría? – Ríe.

¿Quieres que tu público se enoje? – Enójate.

¿Quieres que tu público sienta? – Siente.

Esto es muy sencillo si las cosas que dices son ciertas e importantes para ti. Es, en cambio, dificilísimo si estás mintiendo o diciendo cosas que no son relevantes para ti. Es imposible convencer si no estás convencido, o transmitir sentimientos que no existen.

Por supuesto, hay personas que saben transmitir sentimientos que no tienen. Estas personas se llaman "actores" en el mejor de los casos, o "mentirosos" en el peor. Son personas capaces de manipular los sentimientos de otros sin sentirlos ellos mismos. Y eso es harina de otro costal. En estos casos, estamos hablando de una técnica de falsa conexión que sirve lo mismo para entretener que para engañar.

Los engañadores suelen tener un hábil manejo del *Pathos*, pero un *Ethos* deficiente. ¡No te dejes engañar!

Utiliza el efecto espejo para transmitir la pasión por tu tema y para sincronizar tus emociones con tu propia audiencia hasta lograr un máximo impacto.

3. *Storytelling.*

No vendas un producto; no enumeres reglas o aburras con números. ¡Por lo menos, no exclusivamente! ¿Quieres ser un gran conversador, conferencista o maestro?

Tienes que aprender el hábito de contar historias. No solamente es una herramienta que alimenta el *ethos,* sino un fuego que alimenta el *pathos.*

Piensa en las cosas más importantes; las reglas de vida que has aprendido desde pequeño en casa o en la escuela. Te aseguro que ninguna de ellas es una explicación teórica, sino una historia.

Si a un niño de tres años quieres enseñarle sobre, digamos, paciencia o constancia, tienes tres formas de hacerlo:

    a. La teórica.

> *Luisito: la paciencia es la virtud a través de la cual los seres humanos eligen un bien futuro en detrimento de un bien presente, o esperan el momento adecuado para actuar en consecuencia.*

    b. La autoritaria.

> *Luisito: si te mueves te voy a castigar.*

    c. El *storytelling.*

> *Luisito: ¿Quieres escuchar una historia? había una vez una liebre... y una tortuga, que compitieron en una carrera. Todo el mundo creía que la liebre vencería. Ella también lo creía, y por eso se detuvo a descansar varias veces en el camino. La tortuga, sin embargo, aunque era lenta, nunca se detuvo, y llegó primero a la meta.*

Seguramente reconoces la historia de la liebre y la tortuga; una de las fábulas más conocidas de Esopo. Todos crecimos con cuentos, historias y fábulas que nos ayudaron a entender conceptos complejos de forma simple y divertida.

Las historias son *connaturales* al cerebro humano. Nuestro cerebro está especialmente capacitado para escuchar y entender historias, y para extraer de ellas los conceptos abstractos que aplican a nuestra propia realidad.

Esto sucede porque la parte de nuestro cerebro que procesa las historias es mucho más antigua que las que procesan operaciones superiores de razonamiento. Las historias se procesan en el sistema límbico, que es en donde se procesan también las emociones, y por ello activan respuestas instintivas, potentes e inmediatas: nos causan fuertes sentimientos y nos mueven a la acción más que ninguna otra cosa.

Los niños aprenden con historias. Son niños. Pero los adultos, seguramente hemos superado esto... ¿no?

Pues no. En lo absoluto.

Hay quienes creen que Jesús de Nazaret es el hijo de Dios; y hay quienes profesan otras religiones. Pero todo el mundo admite, sin dudar, que Jesús fue un gran maestro.

¿Cómo enseñaba Jesús?

Ya sabes la respuesta: con historias o parábolas. Para explicar la misericordia no hizo una clase de moral, sino contó una historia: la del Hijo Pródigo. Para hablar de caridad no estableció una lista de acciones, sino contó una historia: la del Buen Samaritano. Jesús usaba historias, imágenes y ejemplos: un tesoro enterrado, un grano de mostaza, una viña, una lámpara...

¡Los cuatro Evangelios contienen un total de 73 parábolas! ¿Por qué Jesús prefería contar historias en vez de dar explicaciones? – Porque, entre otras muchas cosas, era un gran comunicador.

También los mejores oradores de la actualidad son grandes contadores de historias. Como hemos ya comentado, la plataforma *TED Talks,* de lejos el formato más exitoso de nuestra era, no es un entorno de expertos, sino sobre todo de historias, y la mayoría de las charlas se estructuran de esta manera.

Nuestro mundo está siempre hambriento de historias. Consumimos millones de libros; películas; programas y series para todas las edades, en todos los extremos del planeta; y conectamos de ellos de forma extraordinaria.

- *Las historias causan emociones de alto impacto.*
- *Las historias crean tribus entre quienes las comparten.*
- *Las historias "se leen"; enseñan a cada quien algo distinto.*
- *Las historias entretienen y emocionan.*
- *Las historias son altamente recordables, repetibles y compartibles.*
- *Las historias son sencillas de entender.*
- *Las historias causan conexión inmediata.*

- *Las historias permanecen en el tiempo.*
- *Si son reales, las historias crean Ethos, tanto como Pathos.*
- *Las historias nos enganchan, nos invitan al pensamiento y al diálogo.*

No es capricho que en los cursos de filosofía, comunicación, derecho, teología, pedagogía, negocios o ingeniería sigamos estudiando y repitiendo historias que se escribieron hace miles de años: las tragedias griegas, las leyendas orientales, las fábulas de Esopo, las obras de Shakespeare, Don Quijote, los cuentos medievales, los clásicos de todas las eras. Hay una razón por la que los lectores modernos siguen leyendo Moby Dick, la Isla del Tesoro, Las Crónicas de Narnia, El Señor de los Anillos, Los Viajes de Gulliver, Tom Sawyer u Oliver Twist: son historias extraordinariamente bien escritas y que, sobre todo, conectan a un nivel emocional superior. **Usan la ficción para revelar la verdad**. Estas historias nunca morirán.

La mercadotecnia moderna también ha adoptado el *storytelling* como la herramienta perfecta. Coca Cola, Procter & Gamble, Apple o Volkswagen, en sus anuncios, no solo hacen descripciones de productos y sus beneficios, sino que cuentan historias, crea personajes y conectan emociones. A la larga, las personas no compran una *MacBook* porque sea mejor, sino porque tienen una relación con la empresa, con la marca y con lo que implica ser un *"Apple fan".*

Los grandes comunicadores, los oradores inmortales, los buenos maestros, los motivadores de alto nivel son expertos contadores de historias. Así que ¿qué esperas?

4. El futuro, el pasado y lo abstracto.

Los políticos que pierden las elecciones hablan de razones; argumentos, listas, números y promesas concretas: puentes, carreteras y otras cosas cotidianas. Usan conceptos concretos, pensando que lo "real" es lo que más importa a sus votantes.

Los políticos que ganan las elecciones hablan de emociones, de sueños y esperanzas. Hablan de cosas emocionantes; de cambio, de guerras, de venganza, de justicia. Sobre todo: mantienen sus conceptos abstractos, sus promesas ambiguas. Hacen siempre referencia al pasado; a su grandeza, su gloria y sus héroes, y al futuro brillante al que habrán de llevarnos.

Es doloroso pensar que muchos de los políticos destructivos, tiranos y dictadores, antiguos y contemporáneos, han usado la retórica para llegar al poder; y una vez allí, han demostrado su capacidad de generar odio y dolor, o para hacerse ricos a ellos mismos y a sus amigos. La figura del "líder populista" que se convierte en dictador es casi un cliché... pero es un cliché que se sigue repitiendo en nuestros días.

La realidad es que somos humanos y nuestro cerebro así funciona. Lo único que podemos hacer para evitar que los malos lleguen al poder a través de la retórica, es recordar a los buenos que también pueden usar estas herramientas.

Pero no hablemos de temas tan lejanos y gigantescos. Pensemos en tu empresa, tu familia o tu auditorio.

¿Quieres introducir grandes cambios o nuevas regulaciones en tu negocio? Antes de pedir a tus empleados que trabajen el doble o aprendan de memoria los nuevos manuales... ¡inspíralos! Ayúdalos a ver el futuro; la visión de una empresa más moderna, más innovadora, que presente una vida mejor para todos ellos. Ponlos a soñar... y después pídeles que hagan los sacrificios necesarios.

¿No son eso, justamente, las promesas inacabables de dos románticos enamorados? Los novios se prometen mutuamente la luna, las estrellas y la eternidad; no porque sean tontos o astronautas, sino porque la emoción exige infinito. No podrían prometer –ni aceptar- menos que el universo.

Ningún enamorado dice: "Leticia... te amo... lo suficiente".

Vende emociones; no procesos. Absolutamente nadie "quiere" estar a dieta. Quieren ser admirados, amados, deseados, respetados. Nadie "quiere" gastar un millón de dólares en un auto. Pero todos quieren el prestigio, la envidia y la atracción que esto genera. Compramos cosas finitas para sentirnos infinitos.

¡Mira a tu alrededor! Cada cosa que ves, cada cosa que has comprado o que posees es la representación concreta de un deseo abstracto.

Tienes la foto de tus hijos, no porque te guste el papel con tinta, sino porque tus hijos son tu razón para seguir trabajando. Por tanto, si vendes fotografías; no hables de papel. Habla de recuerdos, memorias, amor y momentos.

Tienes tres libros sobre finanzas, no porque seas aficionado al papel con letras, sino porque deseas la tranquilidad, la libertad y el placer de convertirte en millonario. Si vendes libros de finanzas, no hables de números, o de libros. Habla de sueños, logros, cimas y viajes.

Tienes una imagen religiosa; no porque quieras un pedazo de madera o seas conocedor del arte bizantino, sino porque esta imagen simboliza algo más profundo y más grande que da sentido a tu existencia.

La ropa que llevas puesta, la computadora que está en tu escritorio, y el escritorio en el que está tu computadora. Absolutamente todo lo que tienes es la representación concreta de un deseo abstracto.

Los buenos vendedores y grandes comunicadores no hablan sobre lo que la gente "dice" que quiere, sino lo que quieren más profundamente: belleza, poder, felicidad, alegría.

Recuerda que cada persona tiene en torno suyo, docenas de dimensiones que la hacen ser quien es. Todos hemos aprendido a aparentar normalidad, pero luchando en nuestro interior tenemos demonios, miedos, deseos, sueños, errores vergonzantes, momentos de debilidad, lágrimas guardadas y memorias dulces de nuestra infancia. Háblale al niño dentro de cada persona y verás brillar en sus ojos la ilusión del primer día.

5. La humanización.

¿Quieres que los datos tengan impacto? Hazlos humanos, ponles rostro, nombre e historia, y verás cómo los números se transforman en esperanza.

Esta es una extensión lógica en el uso del *storytelling*. Es mucho más efectivo hablar de un solo caso, de una sola familia que vive en pobreza; conocerlos y escucharlos, que hablar de "miles" de pobres o "miles" de muertos. Los números, ya lo sabemos, nos dicen muy poco.

Si el rector en una universidad nos informa que este año han entregado cinco millones de pesos en becas; el número dice poco. En cambio, si nos presenta a Juliana, una de las 216 jóvenes que recibirán algún tipo de apoyo este año, entonces podemos conectar con su rostro, su historia, y alegrarnos con ella y por ella.

La creación de personajes es un recurso utilizado en todos los frentes. Las empresas y corporaciones más gigantescas eligen mascotas o personajes para que los clientes puedan identificarse con algún rostro y las características que vienen asociadas al mismo. Un ratón es una plaga que eliminamos, a menos que tenga rostro, características y sentimientos humanos... y se llame Mickey. En este caso, es el personaje ficticio más valioso de la historia.

¿Tu producto es muy técnico? ¿Tu tema es aburrido? **¡Pon rostro a las cosas y verás cambios inmediatos!**

6. De ida y vuelta.

La comunicación unidireccional y unidimensional (CUU) es la más aburrida de todas. La vemos todos los días en discursos de políticos, en juntas de jefes, en charlas con colegas, en *rollos* paternales. La vemos cada vez que alguien "dice lo que vino a decir" y se retira sin conectar en absoluto con la audiencia.

La comunicación unidireccional y unidimensional ignora todos los impulsos externos; ignora a las personas que tiene enfrente e ignora a los impulsos y recursos externos del momento. Ignora las cosas que están pasando en ese momento; el ambiente, el tiempo, el humor, el modo y el ruido.

La CUU es el equivalente a encender un robot en medio de una habitación y dejar que hable durante cinco minutos. Simplemente vomita su discurso programado y que todo lo demás se vaya al diablo.

La CUU es la forma más eficiente de crear un auditorio de *lalalás*, un auditorio de sordos que están en sus propios pensamientos y que, en la época en que estamos, sacarán su teléfono en menos de diez segundos, comenzarán a platicar, divagar, *whatsappear* o dormir.

No se puede crear una conexión emocional si no es a través de un proceso circular de alimentación. Hay que saber buscar el *timing*, el lugar, el modo y, **sobre todo, ser perceptivo de las necesidades emocionales en la audiencia que tienes enfrente.**

Por eso soy firme creyente de que es imposible ensayar un discurso o una charla al 100%. Cada momento, cada auditorio, cada persona, cada cliente o salón de clases tiene sus propios retos.

Sin lugar a dudas uno de los artes más difíciles de dominar es el *timing;* encontrar el tiempo preciso para utilizar acentos visuales, vocales o gráficos de forma que causen el mayor impacto.

Quizás tu profesor de oratoria te dijo alguna vez que había que "subir y bajar la voz" para no sonar aburrido, y estaba en lo correcto. Pero no basta "subir y bajar" de forma mecánica o preestablecida. Cada historia, cada conversación, cada presentación, tiene momentos que exigen natural atención.

Para esos momentos, subir o bajar la voz puede ser requerido. Quizás algún movimiento, gesto o desplazamiento que ayuden a llevar el tema a buen término. Incluso el silencio es una herramienta genial si sabes usarla bien. Igual que una buena pieza musical, no se trata solo de notas que se siguen unas a otras, o del volumen con que se tocan. La música requiere ritmo y una secuencia de sonidos y de silencios que creen una armonía y encienden un sentimiento.

De hecho, en una conversación normal entre amigos, colegas o familiares, el silencio tiene mucho más peso que el sonido. No hay mejor consejo de vida que este: **el mejor conversador es el que menos habla**. En cambio, mantiene una escucha activa y hace muchas preguntas. Las personas se sienten bien con quien les escucha y querrán volver siempre a su lado.

¿Gritar? Cualquiera puede hacerlo. El arte está en gritar cuando hay que gritar y susurrar cuando hay que hacerlo. Para ello, no solo basta conocer el tema del que se habla, sino también la capacidad de "leer" al público.

Ningún discurso, ninguna conferencia, ninguna clase o ninguna conversación son iguales aunque se repitan muchas veces. Esto es porque el público, tanto como el orador, marca la pauta, el entorno y el estado de ánimo.

No solo se trata de reunir a tu equipo de trabajo para una junta y después hablar de corrido durante una hora sobre los pendientes de la semana o las nuevas reglas de corporativo. Si bien es cierto que las juntas de trabajo (igual que las conferencias) deben tener una hora de inicio y cierre preestablecidos, dedica unos minutos a establecer el tono de la reunión. Después, constantemente "lee" a la audiencia y sé perceptivo del *feedback* consciente o inconsciente.

¿No están poniendo atención? ¿Están muy aburridos, muy inquietos? Por favor... haz algo. Puedes utilizar cualquiera de las herramientas aquí mostradas: cambiar el ambiente, cambiar el ritmo, acercarte a ellos, llamar su atención con imágenes, acudir a sus propios deseos, hacerles preguntas... en verdad tienes muchas opciones.

Lo único que no puedes hacer es "no hacer nada" y continuar tu charla igual, independientemente de lo que tu audiencia te está diciendo; para convertirte tú mismo en un ruido de fondo.

La comunicación siempre es de ida y vuelta. Incluso los buenos libros y mejores películas, que parecen no tener "orejas", en realidad han sido escritos o filmadas pensando en un público concreto, al que previamente se conoce y se ha escuchado.

De otra manera, no pasas de ser el loco de la esquina.

7. La curva del Titanic.

Si tienes más de treinta años, es casi seguro que viste la mega película TITÁNIC en el cine. Casi apostaría que la viste dos o tres veces. No le diremos a nadie.

Como sigue siendo una de las películas más vistas de la historia, y su estructura es bastante sencilla, es un ejemplo perfecto sobre cómo crear lo que se conoce como la **curva de catarsis**. No solo está en el Titánic, sino en casi cualquier película, libro, obra de teatro... discurso y charla efectiva.

La curva de catarsis es en realidad un término que proviene del teatro, y representa la inmersión emocional que tiene el público durante el transcurso del mensaje. ¿Qué tan "metida" está la audiencia en la película o en el discurso?

La curva sigue dos ejes. Uno, el de la inmersión o catarsis, y otra, la del tiempo. Como observas, la catarsis es igual a cero cuando empieza la película o el discurso, y –si la película está bien hecha– va aumentando conforme avanza la trama.

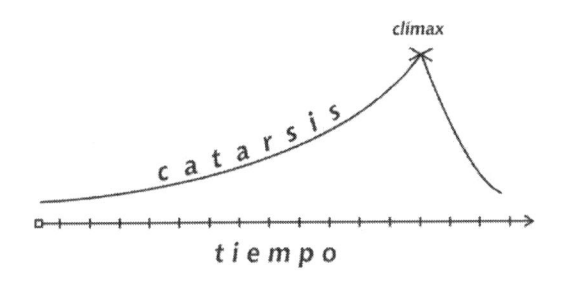

La Curva de Catarsis

En el Titanic, la curva empieza cuando el joven Jack -a quien apenas conocemos- gana en una apuesta dos boletos para el trasatlántico. Luego conocemos a Rose, una chica rica y malcriada que está comprometida para casarse con un millonario medio antipático.

En los primeros diez minutos nos presentan a los personajes, pero aún no nos conectamos con ellos. El barco y la música, personajes principales, hacen también su aparición y poco a poco, nos vamos metiendo en la historia. La curva de la catarsis empieza a subir.

Sería absurdo para el director o el guionista poner la parte más importante de la película en los primeros diez minutos ¿no lo crees? Entonces ¿cuál sería el objeto de las otras tres horas en el cine?

Al contrario, un buen guion nos va llevando más, metiendo más, emocionando más y más ... ¡y más! hasta que el momento climático (en que Jack se hunde en el mar helado) causa el impacto que deseamos imprimir.

Las conversaciones, reuniones y discursos tienen su propio clímax, y es importante no desperdiciarlo (no lanzar ¡la gran idea! o ¡la gran promesa!) antes de haber avanzado en la curva de catarsis. De otra manera, la semilla cae en muy mal terreno.

¿Qué pasaría si Jack muriera en los primeros minutos? Nadie lloraría por él. Pero no, muere después de que le conocemos a él, a su historia, sus sueños y sus caídas. Pasamos con él algún tiempo; reímos con él y lloramos con él. Su muerte no puede pasarnos inadvertida.

He visto conferencistas que lanzan su gran idea en cuanto empiezan a hablar, cuando el público aún está distraído, distante y sin conexión. Es como el vendedor de tarjetas de crédito que antes de saludarte, te lanza el producto en la cara ¡¡¡¡DAME TU IDENTIFICACIÓN Y TE DOY UNA TARJETA!!!!! – Por Dios, amigo de *American Express*, por lo menos invítame un café. Esa no es forma de iniciar una conversación.

Aún en charlas breves, procura respetar la curva y permite que las cosas se acomoden a su tiempo. Solo entonces puedes hacer la invitación o pedir una acción de tu interlocutor. Si el momento de clímax no llega, entonces ¡no digas nada! No quemes tus cartuchos y prepara el camino para una siguiente charla.

Tal es el caso de los famosos "*pitch*" de elevador, en donde tienes apenas unos segundos para convencer a alguien de participar en tu proyecto. Digamos que te encuentras con un millonario famoso en el elevador y quieres invitarlo a invertir en tu negocio. ¡No puedes desaprovechar la oportunidad y tienes unos segundos! ¿Qué puedes hacer?

La respuesta no es gritar en su cara: "¡¡¡¡SEÑOR MUSK, INVIERTA EN MI GRANJA DE LOMBRICES, DEME DINEROOO!!!!" Lo correcto es entender el proceso y propiciar la relación. "Qué gusto saludarlo, Señor Musk. Sé que usted es un hombre ocupado, pero creo que tengo una idea de negocio que podría interesarle. Si me da la oportunidad, me gustaría llamarle en la semana para tener una cita y platicar un poco más".

Igual puede ser que el millonario te diga que no; pero es inmensamente más probable que diga "sí" a una inocente cita que a invertir en una empresa que no conoce. **Porque si no hay relación, no puedes vender el producto; solo puedes propiciar la relación.** Hay que respetar la curva. Jack estará orgulloso de ti.

8. Imágenes poderosas.

Un viejo (y conocido) proverbio chino dice: "Una Imagen dice más que mil palabras", y es verdad. Las imágenes son poderosas y nos permiten procesar muchísima información en muy poco tiempo.

Es más sencillo, por ejemplo, mostrar esta imagen:

Tiempo: 0.01 segundos

Que describirla:

> "¡Ayer en Portland, Oregon, me encontré un espectáculo genial: era un tipo vestido de Darth Vader, pero con falda (bueno, con *kilt* o falda escocesa), montado en un uniciclo y tocando una gaita que lanzaba fuego! ¡Fue genial! En la pared de atrás se leía *Keep Portland Weird*"

Tiempo: 39 segundos.

Una vez más, la evolución de nuestro cerebro es la culpable. Mientras procesamos imágenes y rostros desde hace millones de años, el lenguaje y las palabras son una invención relativamente moderna. Somos brillantes para leer imágenes, en especial cuando se trata de rostros.

¿Cómo titularías esta fotografía?

¡Mira esos bebés! No requerimos ninguna explicación para entender lo que está pasando. Reconocemos lo que estos rostros de bebés sienten, e intuimos, incluso, una *historia* detrás de la imagen. Aún más: nos relacionamos o identificamos con ambos o con uno de los bebés. Todos hemos pasado alguna vez por estos estados de ánimo.

Hablo aquí de imágenes dentro de la comunicación como uno de los materiales de apoyo más utilizados. Me referiré en concreto, y de forma muy precisa, a las presentaciones que usamos en clases, conferencias o reuniones (*Power Point* o similares).

La mejor regla del *Power Point* es esta: **usa muchas imágenes y muy poco texto.** Mientras más sencillo, mejor.

Si tienes que transmitir mucho texto, envía un correo, imprime algunas copias o cómprales un libro. Pero en tu presentación, el texto en pantalla no hará sino distraer a la audiencia de lo que estás diciendo. Tu propio *Power Point* será tu peor enemigo mientras la gente lee, procesa, apunta o fotografía el inmenso párrafo con que les has ofendido.

¡Nada o casi nada de texto! Apenas unas pocas palabras por diapositiva y, en cambio, muchas imágenes, de buena calidad, que expresen la emoción que quieres compartir con ellos.

En mi experiencia, el Power Point es la mayor amenaza en la comunicación moderna. Usa pocas diapositivas con muchas imágenes y permite que los verdaderos protagonistas (tu público y tú) creen una conexión real.

¿O llevarías un Power Point a la cita con la chica de tus sueños? Lo dudo.

9. *Mucho más que dos.*

Pregunta de cultura general: ¿Cuántos sentidos tenemos los seres humanos?

La mayoría de nosotros contestaríamos que tenemos cinco sentidos: vista, oído, tacto, gusto y olfato. Es el número clásico y el que seguimos enseñando en las escuelas.

Realmente, los científicos no se acaban de poner de acuerdo, ¡pero queda claro que los seres humanos tenemos más de veinte sentidos! Entre ellos: equilibrio, propiocepción, cinestesia, percepción temporal, percepción de temperatura, ecolocalización y otros más.

Los sentidos son lo que nos conecta con el mundo, son las ventanas de nuestra percepción y, por tanto, la materia prima de nuestras emociones, sentimientos y conocimientos.

Y sin embargo... sin embargo solemos reducir nuestra comunicación a dos de ellos: la vista y el oído. ¿Por qué?

La única razón es que así nos hemos acostumbrado, pero en verdad no hay razón para limitar nuestra comunicación a dos sentidos. Por el contrario: todos los sentidos son capaces de afectar nuestro estado de ánimo y la forma en que percibimos el mundo y las personas que nos rodean.

Un caso claro y evidente son los olores. Las personas usamos desodorantes y perfumes para agradar o no incomodar a los demás. Las memorias olfativas son poderosísimas, y la forma en que olía, por ejemplo, la casa de tu abuelita o el auto de papá, te seguirán hasta la tumba. Las empresas conocen y explotan esta capacidad y usan en sus tiendas y productos firmas olfativas concretas, que no solo son agradables, sino que te ayudan a crear una conexión emocional aún sin darte cuenta.

El gusto crea experiencias, y una charla con tu pareja, tus hijos o tus jefes, tendrá un ambiente (y un resultado) distinto si se hace acompañada de una buena comida y un buen vino. Los sabores, olores, ambientes; los colores, los sonidos, la iluminación, la música y todas las cosas que se perciben con los sentidos crean una *atmósfera* o ambiente que, sin lugar a dudas, impacta en el momento de abrir los canales de comunicación.

Si todo proceso de comunicación es un proceso de enamoramiento, pregunto ¿a dónde va a llevar a cenar Patricio a Leticia?

Esto tiene cualquier cantidad de aplicaciones en la familia, en los negocios, en las ventas, en la enseñanza y en la vida; pero parte de un sencillo principio: preparar tu comunicación implica preparar el ambiente. **Los sentidos crean sensaciones; las sensaciones, emociones. Las emociones, conexiones.**

En mercadotecnia, esta tendencia se llama "venta de experiencias". ¿Qué prefieres? ¿Escuchar las canciones de tu banda favorita en internet, o asistir a uno de sus conciertos? Aunque técnicamente las notas, las letras y las canciones son las mismas, la experiencia sensorial que ofrece un buen concierto es una de las cosas más espectaculares que existen, y en donde se involucran no dos, ni cinco, sino la mayoría de nuestros sentidos. Es intoxicante y crea memorias que duran para toda la vida.

En la vida diaria, arma tus pequeños conciertos, y usa a tu favor todos los sentidos que puedas para crear una experiencia común valiosa.

10. La montaña rusa.

Estoy seguro de que conoces esta escena.

> El pequeño Simba, el príncipe, juega en medio de un desfiladero.
>
> De pronto, una manada de antílopes se asoma por el horizonte. Simba está en peligro.
>
> Su papá Mufasa, el Rey de la Selva, viene a rescatar a su hijo. ¡Y lo logra! Pero su traicionero hermano Scar lo arroja a su muerte.
>
> Simba se acerca al cuerpo sin vida de su padre.
>
> "¿Papá?... ¿Papá...? Vamos, tienes que levantarte...."

Una de las mejores escenas en la historia del cine, sin duda, y la muestra de por qué Disney se ha consolidado como una de las grandes *storytellers* de todos los tiempos: el uso efectivo de la montaña rusa como gancho emocional.

La escena es desgarradora, profunda y dramática. Es una escena triste. Pero la película completa no es triste; sino que es una montaña rusa muy bien diseñada de escenas y canciones alegres que desembocan en momentos de tensión.

Simba canta "quiero ya ser el rey" y después es casi devorado por las hienas. Momento Feliz, momento triste. Simba y su padre juegan y ríen en la pradera. Al minuto siguiente, está muerto. Y después, de nuevo... ¡hakuna matata!, justo antes del romance, y más tarde... de nuevo Mufasa. Justo en el punto climático de la curva de catarsis, Simba se enfrenta a su tío y se convierte en el nuevo rey.

Es una historia creada por el mismo William Shakespeare (en su obra *Hamlet*) que es llevada a la perfección cinematográfica por el estudio que la convirtió, en su momento, en la película animada más taquillera de todos los tiempos. Y todo por culpa de un concepto muy sencillo: la montaña rusa.

El mayor asesino de la emoción es la predictibilidad. Tanto en el amor como en los negocios y al frente de una audiencia; si el público sabe qué vas a decir y cuáles son tus conclusiones ¿para qué escuchar tu discurso?

Mantén secretos, dales un misterio. No existe persona que no guste de las sorpresas, de los giros en la trama y de lo inesperado. El romance en el matrimonio se mantiene con los detalles inesperados; todas las audiencias, en los negocios y en la vida, responden ante la sorpresa y la magia. Deja que rían y deja que lloren. Ve sus rostros cuando algo inesperado aparece, y guarda lo mejor para el final. La intensidad (y variedad) de sus emociones no harán sino aportar a tu mensaje. Las emociones *mueven*. Aprende a utilizarlas en tu favor.

Los límites del *Pathos*.

Las emociones son muy poderosas. Pueden ser muy intensas. Pero también suelen ser muy breves.

Los comunicadores o conferencistas que fundamentan su estilo en el *Pathos* y la manipulación de sentimientos se conocen como "oradores motivacionales". Son personas expertas en encender a la audiencia, levantar las manos y gritar, causando furor y vibraciones en cada persona con el fin de que hagan algo, cambien algo o compren algo.

No tengo nada en contra de la motivación. ¡Por el contrario! Tener equipos motivados en la empresa o familias inspiradas para lograr cosas grandes es necesario para la lucha y el crecimiento.

Tampoco tengo nada en contra de los libros de motivación o de desarrollo personal. Hay quien piensa que son para personas de mente débil. Pero se engañan. Todos necesitamos inspiración y motivación en nuestra vida diaria, y ninguna tarea ardua se alcanza sin la suficiente motivación.

Zig Ziglar, uno de los *coaches* de ventas más exitosos del último siglo y estrella de las conferencias motivacionales, no era ajeno a esta mala fama. "A menudo la gente dice que la motivación no dura. Bueno, tampoco duran las duchas. Por eso recomendamos ambos diariamente".

El *Pathos* es absolutamente necesario; es la llave que enciende el auto. Es solamente un medio para llegar al tercer paso; el definitivo, que es manejar el auto.

¿Quién enciende el auto, y luego no lo maneja? ¿Quién enciende la estufa para no cocinar?

El *Pathos* es un paso necesario, pero es eso: un paso. Las personas que se quedan allí pronto se darán cuenta que carece de sustancia, y aquellos que pretendan vivir solo de motivación encontrarán que eventualmente se quedan sin gasolina.

Es en el tercer paso en donde el proceso de comunicación alcanza su perfección máxima. Y es hora de que vayamos a conocerlo.

El auto tiene gasolina.

El auto está encendido.

Es hora de que haga lo que hacen los autos: llevarnos a donde queremos ir.

Steve Jobs y el *pathos* legendario.

Steve Jobs se transformó de un *hippy* desgreñado en un ícono de la comunicación. De hecho, muchos afirman que la comunicación del siglo XXI inicio con Jobs y su revolución.

Cada revolución requiere un vocero: un individuo que personifique y transmita el *pathos*; que convierta los hechos en historias y las historias en personajes; que ayude al mundo entero a entender lo que sucede... y que los sume al barco de cambio. La República tuvo a Cicerón; la Revolución Francesa a Mirabeau; y la revolución tecnológica tuvo... a Steve Jobs.

Los voceros no son quienes la inician, sino aquellos que tienen la visión y logran encontrar las palabras y las emociones necesarias para tocar el corazón del gran público. Jobs supo hacerlo mejor que nadie... y con ello cambió el mundo entero.

Genial, rebelde, obsesivo, excéntrico. Muchos son los adjetivos que se han aplicado a Steve Jobs a lo largo de los años. Pero existe un adjetivo que no estamos acostumbrados a escuchar en relación con el **cofundador de Apple**: comunicador. Y es que Steve Jobs fue uno de los mejores comunicadores y contadores de historias de la revolución de finales del siglo XX. No inventó las computadoras, ni los tocadores mp3, ni los teléfonos celulares. Pero inventó la forma de presentarlos y hacerlos atractivos a todo el mundo. Sus productos no solo resolvían problemas prácticos (eso ya lo hacían las computadoras **IBM** o el software de **Microsoft**); sino que contaban una historia.

Fue en 2001 cuando Steve Jobs presentó al mundo entero el iPod: un aparato portable que podía guardar miles de canciones. Esta sola presentación revolucionó tres industrias: la música, la tecnología... y la comunicación.

Informal y relajado, Steve se movía por todo el escenario con confianza, mostrando imágenes atractivas y relatando historias. Claro: Jobs no era nuevo en esto. Hacía pocos años había ayudado a cofundar **Pixar Studios**. Allí había aprendido y perfeccionado la técnica perfecta: él sabía que de nada servía la mejor tecnología si no se contaban, también, las mejores historias. Su presentación, ahora, nos parece muy normal; pero en su momento fue totalmente disruptiva.

Si hoy nos parece normal, es precisamente porque Steve Jobs reinventó en ese momento la manera en que nos comunicamos unos con otros; la forma en que hablamos de proyectos y negocios; la forma en que organizamos el escenario y nos dirigimos al público.

Antes de Jobs la oratoria en los negocios, los medios y la política era "formalista". Todos parados, derechitos y tras de un atril. Después de Jobs... todo cambió.

Del germen de Jobs nació todo un fenómeno que hoy tiene presencia global y que se ha convertido en el estándar de las presentaciones y las conferencias. ¿Has oído hablar de **TED Talks**? Estoy seguro de que sí. TED Talks nació cuatro años después de la presentación de Jobs, y de ella tomó su estilo y autoridad: charlas breves, dinámicas, divertidas, informales y desarrolladas en torno a una gran historia.

Jobs hizo lo impensable: **quitó el micrófono a los oradores oficiales: a los políticos y presentadores, y se lo entregó a la gente normal; a la gente que tiene una historia que contar.** Después vendrían TED, las redes sociales y el boom de la *reality TV.*

Y es que, para entender su técnica, vale la pena diseccionarla:

1. Tranquilidad y confianza

Steve no manotea ni grita: no es un motivador profesional, ni un orador de concursos. No pone de pie a la gente ni les pide aplausos. Simplemente habla de su historia: del proceso de imaginación y creatividad que llevaron a la creación de sus distintos productos.

Tampoco exagera demasiado; por el contrario. Parece que estos procesos son naturales e intuitivos, como si hubieran sido la cosa más sencilla del mundo. No habla de las miles de horas, ni del estrés, ni de la grilla, ni de los *deadlines* ni de lo cerca que estuvieron mil veces del fracaso.

Saluda, sonríe, cuenta una historia... y hace una pausa. Vuelve a sonreír. El público hace lo demás.

2. El protagonista es el público

Es verdad que el iPod contenía (y Jobs muestra) cualquier cantidad de avances tecnológicos impresionantes: una super batería, una super memoria y una super tasa de transferencia. Steve menciona tanta información como sea suficiente para emocionar a los *geeks* tecnológicos, pero no mucho más. En cambio, dedica la mayor parte del tiempo a describir situaciones con las que el público se siente conectado de forma instantánea: el amor por la música; la sensación de correr o escalar una montaña; la tristeza al olvidar nuestro disco favorito en un viaje. Luego describirá cómo el iPod soluciona todo eso... sin perder un solo *bit*.

La respuesta del público no es la de unos expertos en computadoras (que sí lo eran) sino la de un ser humano emocionado con un producto genial.

3. Pocas distracciones

El producto en sí mismo era una obra de arte; y Jobs se había encargado personalmente de que así fuera. Durante su presentación, el *Power Point* usa muy poco texto y, en cambio, muchas imágenes.

Cuando muestra la primera imagen del iPod, Steve hace una pausa; da un paso atrás y guarda silencio, como si estuviera mostrando la Mona Lisa o el David de Miguel Ángel. Ya ha explicado sus ventajas y conectado con su historia: ahora deja que las imágenes hablen.

Steve Jobs hizo una decisión consciente de eliminar tanto como fuera posible de la presentación; pocos números;

pocas palabras; pocas tablas o gráficas. Muchas imágenes y muchas historias: altamente recordables y atractivas.

4. Una persona normal

Otro paradigma que Jobs se atrevió a destrozar ese día fue el de la vestimenta. Libros completos se han escrito sobre la importancia del traje, la corbata y los zapatos a la hora de hablar en público. Después de todo ¿qué mejor forma de mostrar autoridad y poder que el *power suit*?

Una vez más: lo que hoy nos parece normal no lo era entonces. Steve Jobs sale a enfrentar a su público con pantalones de mezclilla, zapatos deportivos y una –ahora icónica– camisa de cuello de tortuga. Con este solo hecho simbólico cambia el anterior paradigma del orador (soy mejor que tú) por la del nuevo comunicador (soy como tú).

5. Y hablando de íconos...

Steve Jobs era un creador de íconos: cosas que representan mucho más que lo que son. Al presentar un producto inmensamente poderoso, lo hace de una manera cotidiana y humana, pero con un lenguaje altamente emotivo.

Las imágenes son importantes. Steve no solo dice que el iPod tiene una memoria de 5 gigabytes (un número que un ingeniero comprende) sino que puede guardar "1000 canciones" (una imagen que cualquiera puede entender). Tampoco dice solo que mide 12x7x1.5 centímetros (un número abstracto), sino que es del tamaño "de una baraja de cartas" (una imagen que todos conocemos). El mensaje es el mismo: esto es lo más avanzado de la tecnología, pero está pensado para personas normales, como tú y como yo. Ícono instantáneo.

Él mismo –y él lo sabía muy bien- era un ícono viviente. Y tomaba muy en serio ese papel.

No nos confundamos con la informalidad y el *relax*. Cada movimiento y palabra; el *tempo* y la ropa; las imágenes y las presentaciones... todo estaba perfectamente medido y ensayado a un nivel que solo un obsesivo perfeccionista como Jobs podría permitirse.

Como en todas las presentaciones desde la antigüedad hasta nuestros días, Jobs sabía que –muy en el fondo- lo que vende no es el producto, sino el vocero. Apple es la mejor muestra de que la marca vale más que la suma de sus productos. En este caso, el *ethos* de la marca se reunía en la persona de Steve Jobs: autoridad, empatía e imagen.

Para hablar como Steve Jobs...

Recuerda que lo más principal es la conexión humana. Antes de lanzarte a vender tu producto, date tiempo para generar un entorno de confianza y empatía en que la gente se sienta cómoda e interesada. Steve Jobs tarda casi 20 minutos en siquiera mencionar el nombre "iPod". Es lo que invierte en generar interés y conexión.

Mira a tu público a los ojos; acércate a él y habla de las cosas que a ellos les interesan. Las personas no conectan con corporativos y conglomerados, sino con personas y personajes. Si confían en ti, confiarán en tu producto. Diseña la presentación y la imagen en razón de tu público y mantente dispuesto a ser flexible si la ocasión lo amerita.

El primero que debe estar convencido de tu producto eres tú mismo. Conócelo y vívelo antes de tratar de venderlo a otros; de otra manera muy pronto empezarás a dudar, y la duda es el mayor asesino de la confianza.

No hace falta ser un genio ni un revolucionario para conectar con las personas. Lo único que se necesita es querer hacerlo, una y otra vez, hasta que se convierta en un hábito. Lo demás, como se dice... es lo de menos.

Jobs conjuntaba un *ethos* poderoso con un *pathos* irresistible para mover a sus millones de seguidores.

Tú también puedes hacerlo.

Más sobre storytelling: el caso de Pixar.

Si a mí me preguntan, el siglo XXI empezó en 1995, cuando Toy Story llegó a las salas de cine.

"Este verano... no te pierdas... la película que trata sobre el vacío existencial que precede a un proceso de cambio paradigmático que pone de manifiesto una probable amenaza en el orden jerárquico en una organización secreta". Suena... ¿Divertido?

Y sin embargo, lo fue.

Si bien la revolución tecnológica que inició en los ochentas ya había logrado excepcionales cimas en comunicaciones, computadoras y procesadores, todas estas cosas seguían siendo "cables", "circuitos" y "programas" que aún no descubrían todo su potencial social. Expertos y *geeks* podían usarlos y desarrollarlos; el público en general aún era externo a la magia.

Toy Story le dio alma a la revolución tecnológica. Le dio voz y la puso en todos los hogares aún antes de que la iMac, el iPad o el iPhone hicieran su aparición. Fue brutal, fue brillante y fue mágico. Los que la vimos en el cine -yo tenía 13 años- quedamos estupefactos.

Si bien Disney nos tenía ya acostumbrados a las grandes historias animadas, fue Pixar quien logró, por fin, conectar todas las cosas que definen nuestro siglo para darles personalidad y poner los temas más complejos y la tecnología más avanzados en lenguaje que todos podemos comprender.

¿Un apasionante estudio psicológico sobre la complejidad intrínseca del ego que se manifiesta a través de los impulsos intracorpóreos contradictorios? Brillante. ¿Un manifestó futurista sobre el destino de la humanidad inutilizada y en manos de la inteligencia artificial postapocalíptica? ¡Ideal para niños de 4 a 8 años!

Fue precisamente Steve Jobs quien descubrió la veta y reunió un equipo de los mejores contadores de historias de su era para darles la herramienta del futuro. Consiguió a los mejores pilotos y los montó en un Ferrari. El resultado es materia de leyendas. Rompieron el planeta y se hicieron multimillonarios en el proceso. El mundo no volvería a ser igual.

¿Cuál es el secreto? El secreto está en el Storytelling. El Storytelling es el proceso de contar historias, y es tan antiguo como el hombre mismo.

La escritura es un invento relativamente nuevo para el hombre. Para cuando los seres humanos comenzaron a dejar memoria escrita de sus historias y pensamientos, hace unos 20 mil años, el homo sapiens llevaba en la tierra más de 200 mil.

Esto significa que el cerebro del ser humano evolucionó por millones de años para adaptarse a otra manera de transmitir conocimiento, antes que la escritura. Esta forma es contar historias. La sabiduría y la ciencia se transmitieron a través de historias a través de muchos siglos y toda nuestra cultura tiene sus bases en historias habladas: los mitos griegos, las parábolas de Cristo; las fábulas de Esopo. Los grandes maestros cuentan historias: no explicaciones.

Las estructuras cerebrales que generan y procesan las historias se encuentran en una parte más antigua y, por tanto, más primitiva del cerebro., que antecede y habitualmente supera otras estructuras más modernas que controlan el lenguaje y la escritura. Por tanto **las historias nos mueven y conmueven sin pedir permiso a la lógica.** Es por eso que son tan poderosas para transmitir una idea y para persuadir, incluso al público más difícil.

Tú también puedes usar el poder del Storytelling en tus presentaciones de negocios, en tus procesos de ventas o en motivación para tus empleados.

Es cuestión de ciencia

La forma más sencilla de lograr que tu público confíe en ti y en lo que dices es contando historias.

Una historia activa partes en el cerebro que permiten al que escucha **transformar la historia en ideas propias** y adquirir experiencias como si él las hubiera vivido. Literalmente, aprendemos en cabeza ajena.

Cuando procesa historias, **el cerebro activa las mismas partes que cuando está viviendo experiencias reales**. Áreas como la corteza motora, la corteza sensorial y la corteza frontal se unen para crear memorias más profundas y duraderas.

Además, el cerebro libera dopamina y oxitocina (las hormonas del amor y del placer) cuando experimenta un evento con alta carga emocional; **lo que lo hace fácil de recordar y replicar**. La oxitocina nos ayuda a sentirnos conectados y confiar en las personas.

Por otra parte, los que escuchan una historia y los que la cuentan experimentan una actividad neuronal similar a través de las neuronas espejo: **los cerebros se alinean unos con otros y sienten lo mismo.**

¿Contar historias siempre?

Respuesta breve: siempre que puedas hacerlo. Acostúmbrate a llevar contigo una pequeña libreta en donde apuntes no solo las ideas, sino las anécdotas con las que te encuentras todos los días. Una vez que lo hagas **todos los días encontrarás historias** que luego podrás aplicar en tus presentaciones, clases o conferencias.

¿Un cliente enojado? Allí hay una historia. Una buena película, un accidente en el tráfico, un viejo amigo que llama. Historias, historias, historias. Estamos hechos de historias, y aprender a contarlas de forma atractiva transformará la manera en que te relacionas en tu familia, en la sociedad y en los negocios.

Vuélvete un gran contador

Trata de contar una anécdota en la siguiente reunión de la oficina. **No tiene que ser sabia o particularmente espectacular**, simplemente interesante. ¿Saben? Mi gato me arañó los pies esta mañana... Busca respuestas y ve afinando tu habilidad como contador de historias.

Aunque cada historia no sea digna de una ovación de pie, todas irán, igual, generando una relación de confianza y contacto entre ti y tus interlocutores.

Inténtalo una, diez, cien veces hasta que te sientas cómodo contando historias, y estarás listo cuando venga la siguiente oportunidad.

Cuenta Historias Completas

Para que sean efectivas, las historias deben de poseer una curva completa. Inicio – Desarrollo – Nudo – Desenlace. El cerebro humano aborrece los espacios vacíos, y en cambio disfruta las relaciones lógicas de causa y efecto.

No te preocupes demasiado en estructurar cada historia que cuentas; simplemente acostúmbrate a no dejar las cosas a medias. Poco a poco irás aprendiendo cuáles historias causan mayor impacto o mejores respuestas.

Quizás puedas contar la historia completa... o permitir que tu público te ayude a terminarla. ¿Saben? Mi gato me arañó los pies esta mañana... ¿ustedes qué harían? Busca que cada historia tenga sus consecuencias y un claro final, del que se pueda aprender alguna cosa, aunque sea pequeña.

Esa es la magia del Storytelling. De esas historias que crean preguntas nacen los mejores negocios, las mejores presentaciones, los cambios más profundos... y las mejores películas familiares.

El *storytelling* no solo sirve para emocionar a tu audiencia... sino también para hacer más fuerte a tu negocio.

Storytelling y comunicación de la empresa.

Sin duda mientras esperas en el *lobby* o tras la recepción de alguna empresa que visitaste (¡o quizás en tu propia empresa!) has encontrado tres o cuatro letreros impresos a color y enmarcados, a la vista de todos. Los letreros tienen sus títulos, bien visibles: MISIÓN, VISIÓN y VALORES.

La definición de estos elementos ha sido una parte fundamental de la planeación estratégica de las empresas por décadas, y suele realizarse junto con otros elementos clave como el plan de negocios, las metas y objetivos.

Pero -y escucha con atención aquí-: la mayoría de los que me encuentro parecen estar realizados sin mucha introspección, exploración o técnica, lo que suele convertirlos en eso: palabras muertas pegadas en una pared. **La misión, visión y valores de tu negocio (y un cuarto elemento que veremos más adelante) son muchísimo más importantes de lo que te imaginas.** Son, como palabras, poderosas, y tienen la fuerza de la profecía: bien hechas, pueden ser faro y brújula, y llevarte a través de momentos difíciles; ofrecerte motivación y sentido. Si están mal hechas, pueden ahogar tu propio negocio, asfixiarlo o hacerlo perder el rumbo.

No importa si tu empresa tiene tres empleados o tres mil. En estos días en que nos han obligado a hacer una pausa, es el momento ideal para tomar algunas horas -o días- de la agenda y pensar en quién eres y a dónde quieres ir. Es hora de revisar -si ya los tienes- o de responder -si no lo has hecho antes- las cuatro cuestiones más importantes en la definición cualquier negocio:

- **Misión:** ¿Qué soy? ¿Qué hago? ¿Qué me define?

- **Visión:** ¿Por qué hago esto? ¿A dónde quiero llegar? ¿Cuál es el mundo que quiero construir?

- **Valores:** ¿Qué cosas son importantes, no negociables, para mí?

- **Historia:** ¿De dónde vengo? ¿Cuándo, cómo, quiénes iniciamos? ¿Cómo fueron nuestros primeros años?

Misión: lo que soy y seré.

La típica misión en el lobby dice: "Nuestra misión es la venta y distribución de autopartes para las marcas Ford y Volkswagen, con excelente calidad, a buen precio y con un servicio sobresaliente".

¿Cómo se puede mejorar? Una misión -dice Chris Bart- debe contener tres elementos fundamentales: el mercado, el producto y la diferencia estratégica. El error en la misión suele obedecer a dos excesos: **el ser demasiado genérica, o el ser demasiado específica.**

En el primer caso, no existe aportación alguna. "Vendemos autopartes de gran calidad" es una definición pobre que no habla de la empresa en sí misma, sino que podría ser aplicable a cualquier otra empresa del ramo. Prueba: Lee en voz alta tu propia misión: **si ves podría aplicarse a tus competidores, revisa qué es lo que te hace distinto y hazlo patente.**

El segundo caso es el asesino del crecimiento: una misión demasiado específica, que no permita evolución o innovación. Pocos recuerdan que Netflix empezó rentando películas físicas por correo, en competencia directa con Blockbuster. Cuando llegó la revolución digital, la misión de Netflix ("llevar entretenimiento a los hogares") permitió evolucionar a la plataforma digital y luego a la producción de contenidos sin perder su esencia. La misión de Blockbuster ("tiendas que rentan películas y juegos") no supo evolucionar. El resto, es historia.

Así que, al escribir tu misión, piensa que es como un láser: **tan específica como sea posible, pero que pueda llegar lejos, incluso más allá de donde puedes ver ahora mismo.** Una misión bien escrita impulsa la creatividad, la visión de largo plazo y la innovación.

Visión: mi porqué y el mundo ideal.

La típica visión en el lobby dice: "Ser la empresa de autopartes líder en el occidente del país, satisfaciendo con excelencia las necesidades de nuestros clientes".

¿Cómo se puede mejorar? El primer problema en muchas de las "visiones" es que son autorreferenciales, afirma Simon Sinek en su libro "The Infinite Game". **La visión que impulsa las empresas que llegan lejos no es una visión de sí mismos, sino del mundo que quieren crear.**

La visión de Henry Ford era "un auto en cada cochera". Para lograrlo, revolucionó la ciencia y la industria, reinventó las líneas de producción e impulsó el mundo automotriz que conocemos. Pero el problema es éste: cuando la gran visión se ha logrado ¿a dónde queda ir? Hace décadas que Ford Motor Company dejó de ser inspiración o líder en la industria que ellos mismos crearon. Ellos hacen coches. Pero el mundo del futuro no es un mundo de coches.

"La visión tiene que ser infinita" insiste Simon Sinek, y referirse al mundo que queremos lograr: nuestro sueño ideal. En este sentido, Elon Musk -fundador de Tesla y SpaceX, entre otras cosas- siempre ha planteado una visión mucho más inspiradora que, de hecho, **parece imposible.** Elon Musk decidió que quería dar al mundo una puerta de salida al cosmos y la exploración espacial que obsequiara a la humanidad esperanza en el futuro. La visión de Musk no es hacer cohetes baratos y reutilizables, o instalar una base humana en Marte. Todos esos son solo pasos; escalones en una visión más amplia e infinita. Cada nuevo logro abre la puerta a nuevos logros. El sueño, la visión, siempre están allí: siempre inalcanzables, pero siempre hoy más cercanas que ayer.

No hace falta ir a marte para tener un ideal: incluso una distribución de autopartes o un restaurante de tacos puede tener una visión más infinita, más humana y grande: Crear valor humano, cambiar la sociedad, elevar la cultura, ayudar a otros, transformar a México, alimentar a los niños con hambre. **Piensa en el mundo que quieres lograr. Si tu negocio no te acerca a ese mundo... entonces busca otro**

negocio. La visión es lo que te hará levantarte cada mañana y seguir intentando nuevas formas de crecer, de llegar más lejos, de alcanzar a más personas. **El dinero no lo hará: pero tus ideales sí.** Encuéntralos, escríbelos e invita a otros a acompañarte en el camino. Esa es tu visión.

Valores: las cosas no negociables.

Los típicos valores de lobby dicen: "Honestidad, Trabajo en Equipo, Puntualidad... o lo que sea. En general, una lista aleatoria de valores que encontramos en Wikipedia"

¿Cómo se puede mejorar? Recuerda que, ante todo, el *Storytelling Estratégico* es la historia que te cuentas a ti mismo, a tu empresa y a tus colaboradores. Si está bien hecho, se convertirán en tu propio futuro. Es una estrategia interna que se puede transmitir a los clientes solamente si es real y se vive consistentemente dentro de la organización.

Es fácil decir "Nuestros clientes son primero" o "La honestidad es primero", o poner cualquier valor en la pared; pero ¿En qué maneras se viven estos valores? ¿Son verdaderamente el estilo en que se hacen los negocios día con día en la empresa? Si alguien externo pasara un día en tus oficinas ¿sería evidente para esta persona el estilo en que estos valores están presente de manera cotidiana?

Una forma sencilla de repensar tus valores es la siguiente.

1. **Reduce.** Elimina los diez valores y elige solamente tres. Esto te forzará a pensar, discernir y determinar una jerarquía.

2. **Concreta.** Valores que no son hábitos, o parte del estilo cotidiano de la empresa, no pasan de ser buenos deseos.

3. **Comunica.** Todos en tu organización deben conocerlos y recordarlos constantemente.

4. **Demuestra.** Cuando llegue el momento de tomar decisiones difíciles (por ejemplo, frente a una crisis o contingencia), haz patente y toma decisiones en concordancia con los valores que te has propuesto.

5. **Repite.** Tus valores se han convertido acciones...y tus acciones en hábitos que eventualmente se convertirán en tu carácter y, por tanto, en tu destino.

Mi historia: de dónde vengo.

Lo que vemos en el lobby: Habitualmente, nada. Algunas veces, una fotografía vieja.

Cómo podemos mejorarla: El *Storytelling Fundacional*, o la historia de cómo una empresa inició a existir; antes de los clientes o el dinero; antes del éxito o los logros, cuando todo era un sueño imposible, ha llegado a convertirse en uno de los elementos centrales en el desarrollo de la cultura empresarial de finales del siglo pasado y el actual.

Seguramente has escuchado la historia de cómo Steve Jobs y Steve Wozniak iniciaron Apple en una cochera en Palo Alto, California, con una visión en mente y algunas partes prestadas de Hewlett Packard. La *empresa de garage* se convirtió en un icono del movimiento de Silicon Valley que ha inspirado a miles de nuevos emprendedores. Pero escucha: todas las empresas han pasado por su momento de *"garage"*, que es un salto de fe hacia el vacío, y es lo que distingue a los empleados de los empresarios. El riesgo, la decisión, la valentía y la resiliencia.

Yo estoy seguro de que tu negocio tuvo este momento. Quizás ha estado a punto de quebrar; quizás pensaste siete veces en abandonarlo. No conozco historia sobre el nacimiento de una empresa que no sea inspirador y valioso, y del que no se puedan extraer aprendizajes y retos. Así que toma ese momento en que apenas comenzaban y **escríbelo en un párrafo, al lado de una fotografía.** "Nacimos en Morelia, en el año de 1987, como un sueño entre dos hermanos que apenas terminaban la prepa: Luis y Fernando. Tardamos seis meses en lograr la receta y un año en lograr nuestro primer cliente...".

Cuéntate y cuenta a tus colaboradores esa historia, porque será una aliento constante que se sume al resto de los elementos. **Historia, Misión, Visión y Valores o, dicho de otra manera: De aquí venimos, esto somos... y hacia allá vamos, con estas armas.** Estos son los cuatro elementos que componen tu *Storytelling Estratégico* y que podrán dar a tu empresa un carácter distinto y un alcance trascendente.

Una empresa es mucho más que un producto y un estado de resultados. Es una historia de vidas humanas con una visión común. Haz que esa historia valga la pena.

En resumen:

1. El *pathos* es el segundo paso de la comunicación, y sólo funciona una vez que se ha establecido una relación o *ethos*.
2. El *pathos* es el impacto emocional que nuestra comunicación tiene en otras personas.
3. Los seres humanos tomamos decisiones con nuestro "cerebro emocional" antes que con nuestro "cerebro racional".
4. Por tanto, no elegimos "el mejor producto", o "el mejor candidato" o "la opción lógica", sino aquello que nos ofrece alguien en quien confiamos y que nos hace sentir.
5. Las personas quieren estar informadas, pero, en el fondo, anhelan ser inspiradas.
6. Para efectos de la persuasión, cualquier emoción es útil al momento de mover la voluntad. Si logras encender en tu audiencia sentimientos de alegría, tristeza o enojo, tendrás su atención.
7. Hay diversas formas de provocar o encender emociones. Entre ellas: las neuronas espejo, el uso de distintos sentidos, el contacto físico y visual y el uso de historias.
8. El *storytelling* es una de las maneras más potentes de conectar con la audiencia y hacerla "sentir", por lo que tiene un alto efecto persuasivo.

9. El *storytelling* puede utilizarse efectivamente en un entorno de discurso público, comunicación corporativa y comunicación interpersonal.
10. Y nunca olvides esto: **técnica sin relación es simplemente... manipulación.**

4. TERCER PASO: ARGUMENTO; ESTO ES REAL.

Tras cinco años de un romance de leyenda, por fin Patricio y Leticia se encuentran en un lugar ideal, tanto en su relación como en su vida. En una fresca noche de otoño, a la luz de siete velas, Patricio echa rodilla a tierra, extrae una cajita negra del bolsillo de su saco y hace la pregunta que Leticia ansía escuchar desde hace tiempo:

- Leticia ¿te quieres casar conmigo?
- ¡Sí, sí, mil veces sí!

Es la culminación de un proceso bien llevado. Tras reconocerse, han llevado una relación sentimental que, a su vez, les ha permitido ir formando una imagen clara del *ethos* mutuo, hasta llegar el momento en que puedan pasar al tercer paso de la comunicación.

El tercer paso, en palabras de Aristóteles, es el *Logos*. Es el proceso intelectual, analítico, propio de las potencias superiores del alma humana: la voluntad, la decisión y el compromiso.

- El primer paso es el *Ethos*, la relación o autoridad; la gasolina. Permite que todo lo demás suceda.
- El segundo paso es el *Pathos*, la emoción; la llave. Enciende el fuego y los motores.
- El tercer paso es el *Logos*, la voluntad y la razón; los controles; el acelerador y el volante. Dan fuerza, control y destino.

Aunque es el último en tiempo, es el primero en importancia. La comunicación que no pasa del *Ethos* es puramente platónica; no va a ninguna parte. La comunicación que no pasa del *Pathos* es tan explosiva como inconsecuente. La comunicación que cumple los tres pasos es capaz de transformar vidas, encaminar empresas, salvar matrimonios, llegar a las cimas más altas, comprometer a las personas.

El tercer paso es en donde las decisiones se toman, y en donde las personas toman lo que les ofreces y dicen: no solo "me late" sino que me hace total sentido. Esto es real. Esto vale la pena. A esto digo SÍ.

Si en el segundo paso el corazón toma el escenario central, en el tercero es el cerebro el que exige su trono. El corazón responde a las sensaciones, pero el cerebro busca la lógica, el sentido, la secuencia, la estructura y los datos.

Antes de la luna de miel.

Después de que Leticia y Patricio han dado el sí, pero ANTES de que se casen, es necesario tener una charla desapasionada sobre los aspectos operativos del matrimonio que van a emprender. Ya no se trata solo de si "están enamorados", o de si *quieren* casarse, sino de si *pueden* hacerlo y *cómo pueden hacerlo*.

¿Cuánto nos va a costar la boda? ¿Podemos mantenernos? ¿Podemos rentar un *depa*; nos alcanza para la comida y para los demás gastos? ¿Queremos tener hijos? ¿Cómo vamos a criarlos? ¿Cuál será la relación que tendremos con nuestras respectivas familias? ¿En dónde vamos a vivir?

Todos estos son aspectos más racionales de la relación y deben abordarse con datos reales, inteligencia y practicidad. Si existe alguna cosa que haga *imposible* el matrimonio, entonces no importa cuán enamorados se sientan. Lo sensato será cancelarlo o posponerlo.

Hablar con la cabeza –tercer paso- no significa dejar de estar enamorados –segundo paso-. Pero una cosa es segura:

- Ningún matrimonio se sostiene con puro enamoramiento.
- Ninguna empresa se mantiene con solo motivación.
- Ningún cambio real en la vida de las personas se logra con solo inspiración.

Eventualmente, el cerebro y la voluntad exigen realidad. Necesitan abandonar por un momento las nubes y las estrellas para observar los datos concretos, materiales y palpables.

Quizás la charla "seria" no sea la parte más divertida, pero es absolutamente esencial si queremos crear cualquier cosa que tenga valor, o encontrar el compromiso en el auditorio.

La charla "seria" no es la parte favorita de nadie en la relación de novios; pero tras la charla ambos se sienten más seguros, más unidos y su compromiso no es solo emocional, sino también racional. Pueden tomar una decisión y cambiar toda su vida solamente después de cumplir con el tercer paso.

Como bien recuerdas, las reglas del sistema de tres pasos son:

1. Toda la comunicación entre seres humanos atraviesa por tres pasos.
2. Los tres pasos tienen que suceder en orden secuencial.
3. Si te saltas un paso, el siguiente no funcionará, o funcionará deficientemente.

Los buenos comunicadores son expertos en crear sensaciones; pero maestros en lograr compromiso; y esto es imposible sin un sistema completo de tres pasos.

Es el tercer paso, el *Logos*, el que da certeza y claridad. Mientras las emociones "embotan" la razón, el *Logos* la atiende y alimenta.

En tus distintas tareas de comunicación; en tu familia, tu empresa o ante una audiencia ¿cómo empleas el *Logos* para lograr una persuasión no solo explosiva, sino duradera?

Preguntando se llega a Roma.

A nadie le gusta ser convencido, manipulado o vencido en debate. Por el contrario, nada nos es más convincente que aquella verdad que alcanzamos nosotros mismos.

¿Quieres convencer a alguien de algo? Una de las formas más efectivas, extrañamente, es no tratar de convencerlo, sino dejar que él mismo llegue a sus propias conclusiones a través del uso estratégico de preguntas.

Si es llevado correctamente, el alumno o el auditorio tendrán la absoluta certeza de que ellos han alcanzado estas conclusiones y que, por tanto, ellos han tomado la decisión con la que han de comprometerse.

El método socrático no entrega productos acabados o conclusiones, sin que pone en la mesa cuestiones que luego va desmenuzando a través de preguntas que el interlocutor responde, guiado por el maestro.

Uno de los hábitos que he desarrollado en los casi 20 años que llevo enseñando comunicación en las aulas, es a **no poner reglas** en el primer día de clase, sino a dedicar la primera sesión a establecer una relación de confianza y a desarrollar un diálogo socrático que sigue más o menos la siguiente estructura.

Tras algunos minutos de presentaciones y charla informal, preparo el terreno.

> Profesor – Tengo muchas ganas de que este semestre sea espectacular. ¿Qué esperan ustedes de esta clase?
>
> Alumnos – (Mencionan sus expectativas: aprender tal o cual cosa, vencer sus miedos, etcétera).
>
> Profesor- Estoy seguro de que podemos hacerlo. Ustedes tienen el derecho, además, de exigirme dar el máximo para que cumplamos con todas estas expectativas. ¿Cómo les gustaría que fuera la clase?
>
> Alumnos – Que sea dinámica, interactiva, retadora...
>
> Profesor – Vamos a hacer un gran equipo. Y si todos ponemos de nuestra parte, podemos lograrlo. Para que todos saquen el máximo provecho ¿creen que haya que poner algunas reglas?
>
> Alumnos – No muchas, pero sí algunas.
>
> Profesor - ¿Qué reglas pondrían ustedes?
>
> Alumnos – Pues... puntualidad, y que estemos todos.
>
> Profesor – ¿Y qué hacemos si cualquiera de nosotros llega tarde, o interrumpe la clase?
>
> Alumnos – A la tercera... que pague una pizza.
>
> Profesor - De acuerdo. ¿Están de acuerdo que participar es importante para aprender? Esta es una

clase de comunicación. ¿Cómo podemos asegurarnos de esto?

Alumnos – ¡Que cada clase pasemos al frente!

Profesor – De eso yo me encargo. Pero ¿Qué pasa si alguien no prepara su discurso?

Alumnos - ¡Pues que no pase!

Profesor - ¿Y entonces?

Alumnos - ¡Que pague una pizza!

Para el desarrollo de un sistema socrático se requiere tiempo, paciencia y cierto nivel de madurez. No es para todos los espacios, ni para todos los momentos. Pero es de gran ayuda para acercar a la audiencia a conclusiones importantes sin imponerlas por fuerza. Cambiamos una autoridad formal impositiva por un proceso de pensamiento, la base del *Logos*.

El proceso socrático puede ser de gran ayuda en distintos entornos. Por ejemplo, al elegir las vacaciones familiares cuando los hijos tienen cierta edad; o para decidir las mecánicas de trabajo en un proyecto en equipo.

Además, tiene la ventaja de que desgasta poco la relación. Un jefe manda; pero un líder mantiene abiertas las vías de comunicación en un entorno en donde todos sienten que pueden participar.

En el ejemplo mencionado, hay que notar que el profesor no pone ninguna regla, sino que hace una pregunta tras otra; son los alumnos los que ponen las reglas y los castigos. Si resulta que el grupo no está llegando a los caminos previstos por el guía, entonces replanteará la pregunta de modo que alcance las conclusiones correctas.

Hacer preguntas es la mejor forma de llevar cualquier conversación; ya sea romántica, social, familiar o de negocios. Quien pregunta muestra interés en el *Ethos* y las dimensiones de sus interlocutores y les invita a poner en la mesa sus propias ideas.

Como hemos visto; el mejor conversador es el que menos habla. Y una forma de lograr esto es perfeccionar el arte de hacer preguntas.

Más que transmitir información y normas, crea en tu auditorio un proceso de pensamiento que los acerque a sus propias convicciones, y que esté alineado con sus valores. Como Sócrates, no les des la verdad; sino ayúdales a llegar a ella por su propio pie.

Ya sea en la educación de los hijos o en las aulas, o como un proceso de convencimiento de venta, recuerda que nada nos es más convincente que aquella verdad que alcanzamos nosotros mismos.

Esto es real.

El concepto de lo "real" ha tenido sus golpes en la cultura moderna. En muchos entornos el "sentirse" de una manera es más importante que la realidad objetiva. Los estragos que el relativismo causa, afortunadamente, han de ser temporales: el cerebro humano exige, eventualmente, realidad. Las personas que viven fuera de ésta no son libres, solo están perdidas.

En una relación romántica, llega este momento en que mientras se miran a los ojos, él está obligado a preguntar "Leticia ¿eres real?". Es una pregunta necesaria, porque ambos saben que el enamoramiento es un estado de embriaguez. Patricio necesita saber si Leticia es tan guapa, tan buena y tan virtuosa como él la percibe en medio de sus torrentes de pasión.

Cuando el cerebro percibe que algo no es real o posible, se desconecta por completo del proceso comunicativo y enciende los focos rojos de la emergencia.

Un discurso o una venta bien llevada en los dos primeros pasos puede irse por la borda si el cerebro del comprador no percibe una relación lógica de costo-beneficio; o la propuesta final parece definitivamente absurda o irreal.

Paso 1.

Vendedor - Soy un científico certificado por NASA, con estudios en el MIT. ¿Puedo platicarte sobre mi nuevo invento?

Público – Ok. Te escucho.

Paso 2.

Vendedor - ¿No te gustaría tener una mejor forma de descansar, alcanzando el sueño profundo en menos de un minuto? ¿No te gustaría despertar descansado, feliz y vigoroso?

Público- ¡Claro, me encantaría!

Paso 3.

Vendedor – Esta pijama cuántica está hecha con diamantes de Saturno y tejida por extraterrestres. Cuesta 7 millones de dólares.

Público - Jaja. No lo creo.

En efecto, así como el tercer paso no funciona sin los primeros dos; también es capaz de descarrilar un proceso completo si no está fijado con firmeza en lo posible, lo sensato, lo real y lo verdadero.

Quien comunica ha de ser capaz de transmitir a su público la sustancia real de lo que se propone. Ha de decirle: "esto es lógico, esto es posible, esto es real".

Por supuesto, hay muchas personas que creen cosas que no son reales, lógicas o posibles; y otras muchas que creen por fe cosas que la razón no alcanza a comprender. Esto puede suceder por tres razones: por un *ethos* potente, por una ilusión sensorial inexplicable o por una disfunción psicológica explicable.

Incluso en casos en que las personas creen cosas que son falsas o erróneas, no lo hacen porque su cerebro no busque la realidad, sino porque perciben una realidad equívoca. También los locos buscan la verdad, aunque no sean capaces de encontrarla. Entre tanto, los pintores no dejan de pintar porque existan los ciegos.

¡No basta que lo que dices sea cierto, también tiene que parecerlo! Utiliza los procesos lógicos y los apoyos que requieras para demostrar que lo que dices es, en efecto, real.

Si el inventor de la NASA te quiere vender una pijama hecha de diamantes de Saturno, es probable que no le creas a la primera. Tendrá que presentar la pijama, la opinión de otros científicos, testigos que confirmen la teoría y hacer una demostración experimental para que siquiera, empieces a considerar la posibilidad de que esto sea cierto.

Mientras más argumentos tiene tu cerebro para considerar que algo es real, más se va acercando a la posibilidad de su existencia.

De una forma u otra, el cerebro no se siente cómodo con los saltos lógicos excesivos. Si durante tu charla, conversación o discurso percibes que tu audiencia duda, detente en este mismo instante y atiende la duda. Si quien te escucha decide que lo que dices es falso, entonces todo el sistema se viene abajo: el *Ethos* el *Pathos* y el *Logos*.

O si, por alguna suerte o por tu impecable técnica, logras convencer a tu público sin tener la realidad de tu lado, prepárate para pagar un precio muy alto. Una disonancia entre lo prometido y lo entregado resultará en una pérdida total de confianza.

Quizás un buen vendedor te hizo confiar en él. Quizás te convenció de comprar una casa nueva, con promesas maravillosas. *Ethos* y *pathos*... presentes.

¿Pero qué pasa si al final, después de haber pagado, resulta que la casa está llena de fallas ocultas, aromas desagradables o vecinos incómodos?

No solamente te dolerás por haber hecho una mala inversión: te sentirás engañado, manipulado y robado. El vendedor perderá tu confianza y con ella, su reputación.

El costo de la persuasión.

En su libro *Influencia*, el reconocido divulgador Robert Cialdini hace una apasionada defensa de las herramientas de la persuasión: técnicas y procesos que nos ayudan a convencer a otros y transmitir nuestras ideas.

Pero existe una pregunta que siempre queda atrapada en el proceso de la persuasión. Y esta tiene que ver con su moralidad.

¿Es válido persuadir a alguien a través de técnicas de comunicación? ¿No es esto una especie de engaño o manipulación?

La respuesta es: puede serlo.

Como hemos dicho antes: **la técnica sin relación es manipulación. Y podemos completar: la técnica sin verdad es un vulgar engaño.**

Quien tiene y domina las técnicas de comunicación, conexión y persuasión tiene un arma cargada que puede ser utilizada para el mal. Dios sabe que no sobran en el mundo vendedores tramposos, abogados de lenguas afiladas y políticos corruptos. Hay personas que seducen para dañar y personas de dos caras.

Es por eso que creo importante insistir en que el único proceso de comunicación que puede generar diálogo, abrir puentes y crear riqueza humana es el que cumple con los tres pasos: la conexión, la técnica y la verdad.

Quien no cumple con cualquiera de los tres pasos, destruye el proceso completo. Mentir, distorsionar y dilapidar la confianza de los otros tiene un grave costo.

La compañía de autos Volkswagen ha sido durante décadas una de las marcas con mayor reputación del mercado; sinónimo de diseño alemán, tecnología y confiabilidad. Pero la falta de liderazgo y de cultura de comunicación adecuada resultó en uno de los desastres corporativos más resonantes de todo el siglo.

En septiembre de 2015 salió a la luz que Volkswagen había instalado ilegalmente un software para alterar los resultados de los controles técnicos de emisiones contaminantes en 11 millones de automóviles con motor diésel, vendidos entre 2009 y 2015.

La "limpieza" de sus autos a diésel había sido una de sus principales banderas de campaña durante todos estos años, y los coches de la gama habían vendido millones de unidades en el mundo entero; esto gracias a una mezcla de reputación de marca y técnica publicitaria. El *ethos* y el *pathos* funcionaron a la perfección... pero faltó el tercer paso.

"Conoce la familia VW TDI de diésel limpio"

En breve: VW le había mentido por años a sus millones de clientes, a las autoridades y al mundo entero. Como resultado de este fraude, sus motores habían superado con creces los estándares de la Agencia de Protección Ambiental de Estados Unidos (EPA).

En octubre de 2016 Volkswagen pactó con las autoridades de Estados Unidos pagar 17 500 millones de USD como compensación a los propietarios de los vehículos afectados y a los concesionarios, además de más de 4 mil millones de dólares en multas. No solo eso: durante las siguientes semanas a la publicación del fraude, la empresa perdió casi el 50% de su valor de mercado: una pérdida bursátil de 49 mil millones de dólares.

El costo más grave no es, sin embargo, el monetario. Sobre todo, su valor de marca y su reputación sufrieron un golpe casi mortal que hoy, siete años después, sigue sin recuperarse.

No es lo mismo persuadir, que manipular. La ética es la diferencia: la relación con una persona real y la verdad que se transmite a través de un proceso verdadero, valioso y que crea riqueza.

Pedro Picapiedra y las verduras falsas.

El mal uso del *logos*, es decir, el contenido propio del mensaje puede, como hemos visto, destruir retroactivamente un *ethos* establecido.

En un episodio clásico de la serie "Los Picapiedra", Pedro, buscando escapar de una aburrida noche en casa, miente a Vilma para ir a jugar póker con Pablo Mármol y otros amigos. Cuando regresa a casa con mucho dinero, decide mentir a Vilma una vez más, diciendo que "encontró" una cartera llena de dinero.

Vilma confía en su esposo y le cree. Así que pone un anuncio en un periódico para devolver la cartera a su dueño.

Pero Pedro, sin pestañear siquiera, contraataca con una nueva mentira para cubrir sus mentiras previas (esto es lo que pasa con todas las mentiras) así que convence a Pablo para que se disfrace de una anciana viuda para recuperar... ¡su propia cartera!

Al final, ambos amigos son descubiertos y, por supuesto, todo el mundo ríe. En el episodio siguiente, todo está olvidado.

Este cliché cultural -las graciosas mentiras de los esposos a las esposas, de los papás a sus hijos y de los hermanos entre ellos- es buena gasolina para malentendidos teatrales, pero una bomba de tiempo en la vida real.

Es una piedra angular cultural generalmente aceptada que "algunas mentiras" son buenas, que no pasa nada y que "todos mienten". En una encuesta realizada en 2021 entre 200 matrimonios asistentes a cursos de paternidad, más del 90% de los papás y mamás admitieron usar mentiras de forma habitual en casa, sobre todo con sus hijos.

No estoy hablando de cuentos o de fantasías (como Santa Claus o el ratón de los dientes), sino de mentiras "pequeñas" con el objetivo de alcanzar metas inmediatas.

- "Si te comes tus verduras, después te llevo al parque".

- "Si te vas a dormir ahora, mañana te compro un chocolate"
- "No, esta inyección no te va a doler"
- "No llegué a tu fiesta, pero el sábado sí vamos a jugar ¡lo prometo!"
- "¡Esto no son verduras, son... dulces! Abre la boca"

Como en el caso de Pedro Picapiedra y Vilma, de alguna manera todos hemos aceptado que las mentiras están bien... cuando nos convienen.

Pero no es así. Las mentiras y **las promesas rotas desgastan las relaciones y restan puntos a la cuenta de cheques.** Parece que, en lo individual, no causan daño grave. A fin de cuentas... es importante que los niños se coman sus verduras ¿no?

Sí. Pero es más importante mantener la relación, la confianza y la autoridad moral. **Las verduras son importantes. Las promesas son más importantes.**

La experta en educación afectiva Carla de Fuentes (IG @carla.de.fuentes) asegura que, incluso en temas tan delicados como la educación sexual, conviene siempre hablar con la verdad, utilizando lenguaje claro y apropiado según la edad de los hijos.

"¿De dónde vienen los bebés?" Pregunta la niña de cuatro años, y para evitar un momento incómodo, muchos padres eligen historias falsas: "Los bebés están en las nubes y los trae un angelito", o el clásico cuento de la cigüeña.

La mentira blanca nos ha ahorrado una molestia, pero ha sembrado la semilla de un problema futuro. Se puede decir la verdad de forma sencilla y clara, sin dañar la inocencia de los pequeños, pero manteniendo siempre la confianza. "Mis papás siempre dicen la verdad y cumplen sus promesas" será un cimiento de confianza que sostendrá a la familia en momentos difíciles.

Cuando llegan a la adolescencia y no quieren escuchar consejos ni reglas, los papás desesperan. "Mi hijo no cree en mí". Quizás la razón esté en el hábito arraigado de restar valor a la verdad, incluso desde la más tierna infancia.

El contenido *importa.* Las palabras *importan.* Las promesas *importan,* y forman parte integral de un proceso de comunicación completo. Conectar y emocionar… para mentir al final, es una traición a la esencia misma de la comunicación: una bomba dispuesta en sus mismos cimientos.

En casos graves de crisis matrimoniales, incluso cuando ha existido algún tipo de infidelidad, lo que suele causar más daño no es la infidelidad en sí misma, sino las mentiras que se usaron para mantenerla.

Cada vez que hablamos construimos nuestro *ethos*, que, a su vez, sustentará nuestro *logos*. En inglés existe la frase: *words create worlds*: las palabras crean mundos.

Lo mismo podemos decir de los jefes que prometen a sus empleados beneficios y premios para motivarlos, y luego quedan cortos al hacer efectiva su palabra.

O de empresas que venden productos que prometen el cielo y las estrellas… para entregar triquiñuelas de baja calidad

O de políticos que... bueno. Ya sabes.

Estructura y secuencia.

Hay que decir la verdad.... **Y hay que decirla bien.**

Es una muestra de salud mental y por tanto una fuente poderosa de *Ethos* la capacidad de abordar cualquier tema de forma ordenada y con estructura.

Hay personas que tienen esta capacidad y la usan de manera natural en todas sus conversaciones, siguiendo un guion aparente, lógico y ordenado. Si tú, sin embargo, eres como yo y puedes desviarte del tema a media conversación, irte por las ramas y volver quién sabe cuándo, harías muy bien en utilizar materiales de apoyo que te permitan dar estructura a tu reunión, charla o discurso.

En la inmensa mayoría de los discursos exitosos, el orador no tiene aprendido de memoria el discurso completo, ni lo está leyendo palabra por palabra, sino que cuenta con un guion de estructura; una simple guía de la secuencia de las ideas principales y las historias que les acompañan.

Steve Jobs fue invitado a dirigir un discurso a los graduados en la Universidad de Stanford. Para entonces, él era un hombre de fama y fortuna; y su discurso es uno de los más compartidos en las últimas décadas.

Steve Jobs eligió una estructura que era, para él, casi permanente. Aunque llevaba el discurso escrito, levantaba la cara constantemente, y en muchos momentos se permite improvisar.

La estructura de Jobs era sencilla:

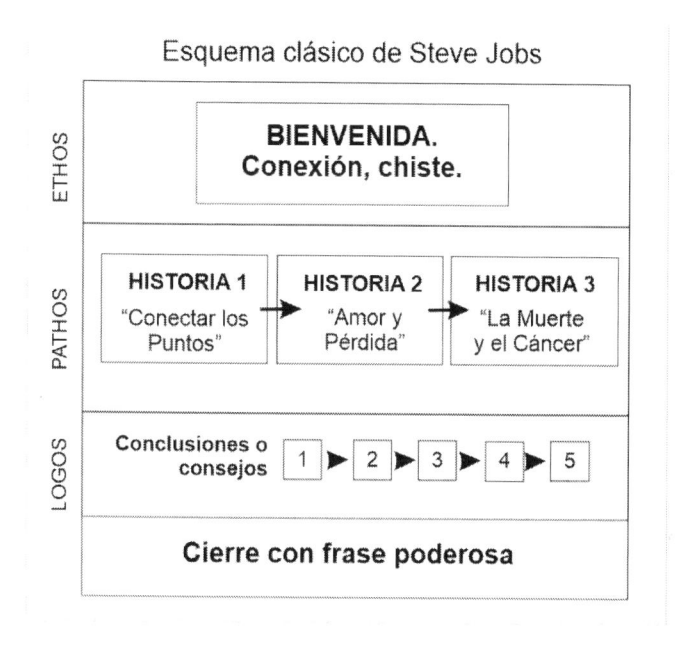

Esquema clásico de Steve Jobs

ETHOS	**BIENVENIDA.** **Conexión, chiste.**
PATHOS	HISTORIA 1 "Conectar los Puntos" → HISTORIA 2 "Amor y Pérdida" → HISTORIA 3 "La Muerte y el Cáncer"
LOGOS	Conclusiones o consejos 1 ▶ 2 ▶ 3 ▶ 4 ▶ 5
	Cierre con frase poderosa

No es el único esquema posible; ni afirmo que sea el mejor. Distintos temas exigen distintas estructuras. Lo que es notable era el cuidado que ponía el genio informático en preparar no solamente las historias que servían de anclaje emocional en cada una de sus presentaciones, sino la estructura que permitía tanto a él como al público procesar todo el discurso de manera sencilla, lógica y recordable.

Mi recomendación habitual es que, si tienes cierta experiencia y dominas tu tema, es mucho mejor imprimir y usar el esquema durante tu discurso que el texto completo del mismo. Esto te permite mayor flexibilidad, capacidad de adaptación y espacio para la improvisación; al tiempo que evita que te vayas por las ramas o dejes de mencionar puntos importantes.

Si no me crees, visitemos el que es, quizás, el discurso más famoso de toda la historia moderna: "Yo tengo un sueño", del Reverendo Martin Luther King Jr., pronunciado el 2 de agosto de 1963 desde las escalinatas del Monumento a Lincoln en Washington D.C. Ampliamente aclamado como una pieza maestra de la retórica, el discurso de King apela a fuentes icónicas y ampliamente respetadas como la Biblia, e invoca la Declaración de Independencia de los Estados Unidos, la Proclamación de Emancipación, y la Constitución de los Estados Unidos.

Tanto King como sus acompañantes tenían absoluta claridad sobre el hecho de que éste era un discurso que tenía la potencia de cambiar la historia; lo redactaron y revisaron docenas de veces hasta la noche anterior del evento. Su estructura era una obra de arte; pero Martin Luther King Jr. era también un increíble orador. A pesar de que había sido escrito, revisado y perfeccionado hasta el cansancio, gran parte de lo que finalmente se dijo fue improvisado; entre esto, las palabras más famosas "*I have a dream*".

De hecho, todo este tramo del discurso fue improvisado. King tenía una capacidad sin parangón para leer al público y encontrar el *timing* perfecto, y un discurso estricto que no permitiera cambios no hubiera hecho otra cosa más que ahorcarle. En cambio, al respetar **la estructura** y cambiar sutilmente el contenido, lo pudo convertir en el arma retórica más poderosa de todo el siglo XX.

Es poco probable que tu público recuerde TODO tu discurso, palabra por palabra. Es más probable que recuerde la **estructura** y dos o tres momentos de alto impacto emocional. Si haces bien tu trabajo, ambos elementos transmitirán exactamente lo que tú quieres transmitir.

Como ves, no hace falta que recites de memoria o leas todo el discurso; basta que establezcas y uses una estructura clara, lógica y efectiva.

No me digas, muéstrame.

Una variante de las "imágenes poderosas" en el entorno emocional es el experimento. Es decir, mostrar las cosas en vez de explicarlas. Si logras mostrar a tu público (ya sea en un entorno privado, de negocios, ventas o ante un auditorio) un proceso suceder frente a sus propios ojos, podrás convencerlos de manera casi inmediata.

Es un atajo genial que, como muchas otras cosas, puede ser utilizado para engañar o para mostrar características reales. Los "infomerciales" o anuncios de novedades que suelen aparecer en televisión a altas horas de la noche, son expertos en llevar esta prueba al extremo, mostrando todas las bondades de sus productos, y apoyándolas con opiniones de expertos (*ethos*), presión de tiempo, ofertas espectaculares y un público que siempre aplaude (*pathos*), pero sobre todo *demostrando* lo que el producto puede hacer, frente a tus propios ojos.

¿Cómo puedes dudar de algo que estás viendo?

Durante la "guerra de las corrientes" a inicio del siglo XX, Nicola Tesla y Thomas Alva Edison estaban enfrascados en la discusión más importante de su época. Mientras que Tesla proponía el uso generalizado de la corriente alterna, Edison proponía el uso de la corriente directa, de su propia invención.

La corriente alterna de Tesla era vastamente superior y mucho más segura (y es la que usamos hasta hoy día); pero Edison era mucho mejor vendedor. Ante un público que poco o nada sabía de ciencia o de electricidad ¿Cómo explicar las ventajas de una o las desventajas de la otra de forma convincente?

Edison llevó sus muestras al extremo, electrocutando públicamente a una serie de animales para demostrar lo "peligrosa" que era la corriente alterna. Finalmente, en 1903, en el Zoológico de Luna Park en Coney Island, Edison hizo pasar una corriente eléctrica a través del cuerpo de "Topsy" una elefante que había sido condenada por matar a tres de sus cuidadores al pisarlos.

La gente que atendió el evento quedó totalmente horrorizada por la experiencia (además, de altísimo impacto emocional), pero sobre todo, quedó convencida: la corriente de Tesla era peligrosa y una mala opción. No hay debate científico que supere una simple (y llamativa) demostración.

Durante décadas, Pepsi ha sido una lejana segunda opción ante el refresco más vendido de todos los tiempos: Coca Cola.

Coca Cola es una bebida con mucho más años en el mercado, con mejor valor de marca, con extraordinaria mercadotecnia y, sobre todo, con un sabor superior e inconfundible... ¿verdad?

Tras años y años de afirmar que su bebida sabía mejor (pero sin grandes resultados), Pepsi realizó una jugada arriesgada y valiente, en la inmensamente popular y exitosa campaña conocida como "El Reto Pepsi".

El "reto" consistía en probar las dos bebidas, una después de otra, pero *sin etiquetas*. El público que las probaba no sabía cuál era cual, y luego debía señalar la que le hubiera gustado más.

Miles de fieles consumidores de Coca Cola atendieron al reto para darse cuenta, no sin gran sorpresa, que habían preferido la Pepsi por sobre la Coca Cola. Aunque la Pepsi no dominaba más del 20% del mercado, más de 50% de los consumidores eligió la Pepsi como la opción más sabrosa.

Hoy Coca Cola sigue siendo líder en el mercado, pero el Reto Pepsi le hizo perder varios millones de dólares en acciones, y en pocos años Pepsi subió del 20% al 30% en el control de mercado.

Porque explicar es humano, pero mostrar... es divino.

Números con referencia.

Hay ocasiones en donde hablar de números es inevitable. Frente a un grupo de accionistas o ante nuevos posibles clientes, eventualmente habremos de mostrar los costos, los presupuestos, las proyecciones o los estados de resultados.

A pesar de que hay personas que son mucho mejores con los números y entornos que los requieren, el cerebro humano sigue siendo esta húmeda computadora que procesa bastante mal los números, especialmente cuando son muchos o cuando son grandes.

Si has de hablar de números, procura enmarcarlos con una referencia o imagen que les permita, por una parte, ser mejor valorados y, por otra, causar el impacto emocional que tú requieres.

En 2010 colaboramos en el desarrollo de una campaña política en el Estado de Jalisco, en México. Entre las propuestas de nuestro candidato, se encontraba la inversión de 200 millones de pesos para reparar un tramo carretero que conectaba el municipio con la ciudad capital.

Durante varias reuniones, este número se mostró sin causar impacto alguno. Para el municipio esta era una GRAN cantidad, y la idea era mostrar el interés del candidato por el desarrollo económico de la comunidad. Pero sencillamente la propuesta no estaba logrando los aplausos que el candidato esperaba.

En México, la mayoría de las personas trabajadoras gana menos de diez mil pesos al mes; lo que significa que nunca en su vida tendrán en sus manos 200 millones. En consecuencia, 200 millones no es en su cabeza una cantidad real, sino imaginaria; es un número abstracto, gigantesco e inalcanzable. En su cerebro, decir 200 millones es lo mismo que decir 2 mil millones. ¿Pesos, dólares? Es lo mismo. Es un número gigantesco y nada más. La mayoría de las personas somos incapaces de dimensionar números de esta magnitud, y acaban por ser por completo intercambiables.

Lo mismo pasó cuando cancelaron el Nuevo Aeropuerto de la Ciudad de México con un costo de pérdida de 200 mil millones de pesos. Esta es una cantidad absolutamente monstruosa de dinero; pero a la mayoría de las personas no pareció importarles demasiado.

Cuando se habla de números o cantidades, es absolutamente esencial (si se quiere causar impacto emocional) presentarlos con imágenes o referencias que nos ayuden a dimensionarlos.

Por ejemplo, podríamos decir que la cancelación del aeropuerto nos costó más que el producto interno bruto (PIB) de Japón y Alemania **juntos**; o que esto equivale a 400 mil casas de uso popular. Aunque siguen siendo números grandes, por lo menos nos permiten "imaginar" o tener una imagen mental de lo que esta cantidad representa.

Es una vertiente de "poner el rostro" a las cosas. Para que nuestro cerebro sea capaz de procesar cantidades, hay que "ponerles rostro" o hacerlas visibles.

Una de las formas más comunes para lograr esto son las gráficas comparativas, que de forma visual ponen la cantidad en referencia. No basta decir que México en 2019 ha proyectado un PIB de 1.24 billones de dólares. Eso no nos dice nada. Lo menos que podemos hacer es relacionarlo con años anteriores, para establecer un crecimiento, una recesión o una tendencia. Si a esto le pones forma y color, es aún más fácil de procesar.

Ten cuidado, sin embargo, con el síndrome de intoxicación por *Power Point*. Cuando de números se trata; procura que sean solo los estrictamente necesarios, y en entornos en donde sean comprendidos y valorados. Es imposible asombrar a una persona no experta con un montón de números gigantescos.

Los últimos serán los primeros.

Aunque el *Logos* es el tercer paso en el proceso de la comunicación, puesto que no puedes convencer antes que ser y mover, ten en cuenta que es el PRIMERO en cuanto a la creación del plan de acción.

Tu coche tiene gasolina y la llave enciende perfectamente. El *Logos* te permite dirigirlo. Pero la primera pregunta que debes hacer, aún antes de poner gasolina o encender el auto es ¿a dónde quiero ir?

El *Logos* es la razón por la que estás comunicando; el punto de partida en torno al cual gira todo lo demás.

Patricio puede enamorar a Leticia, pero... ¿para qué? Incluso antes de iniciar su relación ha de tener una idea clara de lo que quiere lograr eventualmente. En este caso: el matrimonio.

Los vendedores suelen tener una idea del fin próximo (¡vender!) pero el fin último es el que debe de reinar en la conversación. El tema no es ¿por qué comprar esta marca de seguros de auto?, sino algo más primordial: ¿para qué tener un seguro de auto?

Antes siquiera de empezar a hablar; a escribir discursos o a diseñar *Power Points*, has de hacer una pausa profunda y consciente para preguntarte a ti mismo: **¿qué es lo que quiero decirles? Y sobre todo ¿para qué?**

Si no tienes un ¿para qué? entonces ¿qué es todo esto?

Este no es un libro de manipulación. Por el contrario; en contra del cinismo pragmático que impera en gran parte de la literatura sobre estos temas (en donde enseñan, sencillamente, técnicas de venta, presión, manipulación o poder sin importar los medios ni los fines) afirmo que la única comunicación que vale la pena es aquella que nos permite enriquecer nuestra vida y la de otros.

Es verdad que, como hemos dicho, gran parte de nuestras decisiones son tomadas a través de las emociones; y muchos sistemas de comunicación y oratoria abusan de esta naturaleza, poniendo especial énfasis en las formas; el espectáculo y el oropel, y olvidando el contenido mismo de lo que queremos transmitir.

Muchos sistemas de ventas también abusan –en algunos casos, inmoralmente– de este sistema, empujando a las personas a tomar decisiones emocionales y apresuradas, bajo presión y sin los datos completos ni tiempo para pensar.

Si alguna vez has asistido a un "desayuno gratis" para promover tiempos compartidos, sabes de lo que hablo. Los vendedores empiezan por regalarte comida (abonando a la cuenta de cheques y atendiendo a tu reflejo de reciprocidad. Inconscientemente "les debes" algo antes de empezar la venta. Después usarán todas las cartas en la baraja: imágenes poderosas, promesas abstractas, futuros esperanzadores, montañas rusas y *storytelling* mientras te van envolviendo poco a poco en sus redes.

Si aún no te decides, jugarán la treta del buen policía/ mal policía, llamando al "gerente" quien te dirá que está dispuesto a ayudarte de tal o cual manera para que hoy cumplas "tus" sueños. Antes de que puedas pensarlo (¡la oferta es solo válida el día de hoy!) pones tu tarjeta de crédito en la mesa y estás atrapado de por vida. Es un sistema de manipulación basado en los dos primeros pasos de este libro: el *Ethos* y el *Pathos*. ¿Funciona? Por supuesto que funciona. Por eso se usa en ventas de presión y ofertas en casi todo, desde tarjetas de crédito hasta electrodomésticos.

Quiero ser absolutamente claro: no tiene absolutamente nada de malo tener sistemas de venta, promociones y ofertas que empujen al cliente a la venta; o a tu novio al matrimonio o a tu equipo hacia sus metas.

Lo que es inmoral es usar estos sistemas para vender malos productos, o para presionar decisiones que lejos de ayudar a la gente, la dañan, la sumen en deudas o compromisos que nunca deberían haber tomado, a través de mentiras, falsas promesas, letras pequeñitas y espectáculos cuyo único objetivo es separar a las personas de su dinero, sin ofrecer nada a cambio.

Los procesos de comunicación inconclusos (basados solo en el primero o el segundo paso) causan desazón moral, malas decisiones y "cruda" al siguiente día. ¿Por qué diablos compraste ese plan vacacional, o besaste a ese chico? – Porque tomaste la decisión antes de tener el proceso completo. En pocas palabras: te dejaste engatusar; pensaste con el corazón; actuaste con el estómago.

Existen conferencistas que se dedican a abusar del *pathos*; y jefes que no hacen sino vender promesas y manipular a las personas. Políticos expertos en influir y negociar que se salen siempre con la suya, y "pastores" que son grandes oradores y se dedican a robar a las personas. Hay novios tóxicos que hacen violencia emocional y existen abogados que ganan juicios injustos.

La comunicación es, a fin de cuentas, una gran herramienta; una de las mejores y más poderosas que podrás desarrollar en tu vida personal y profesional. Y como todas las herramientas, su valor está en la intención de quien las usa.

Un ladrillo es una herramienta. Puedes usarlo para matar a alguien con un golpe en la cabeza, o para construir una catedral. La culpa no es del ladrillo. La culpa es de quien lo usa.

El dinero es una herramienta. Puedes usarlo para comprar cocaína o para ayudar a otros. El dinero no es bueno, ni malo. El bueno (o malo) es quien lo usa.

La comunicación es una herramienta. Dominarla a la perfección te dará el poder de manipular a otros para tu propio beneficio... o de ayudarlos a crecer, a mejorar y a construir un mundo mejor contigo.

En cada conversación tienes la oportunidad de abrir una vía de crecimiento. Tú decides si explotas esa oportunidad o si la conviertes en algo mucho más grande. Los grandes maestros, los grandes líderes, los mejores vendedores, los buenos padres, los jefes exitosos y los más grandes hombres de negocios saben que nada hay tan valioso en este mundo como contar con un grupo de personas a quienes conoces y en quien confías.

El más reciente estudio de Harvard sobre la felicidad alcanza una conclusión inesperada: lo que hace felices a las personas no es el dinero, ni la fama, ni la salud, ni el placer; sino sus relaciones personales.

La comunicación con dimensión implica percibir y respetar la realidad compleja y llena de riqueza que existe en cada una de las personas con las que interactúas; y en virtud de eso formar una relación, un lazo emocional y un proyecto conjunto.

Las herramientas están en la mesa y sé que las aprovecharás al máximo; porque en este mundo moderno, todo el mundo habla... pero muy pocos conectan.

En conclusión:

1. El tercer paso de la comunicación es el *logos:* la lógica, la verdad y el argumento.
2. El logos es el producto que quieres vender o el problema que quieres resolver. Solo puede atenderse después de que hemos resuelto los primeros dos pasos.
3. El *logos* es la culminación de un proceso bien llevado y es en donde el compromiso, la compra y la decisión se concretan.
4. El *logos* opera en la neocorteza cerebral: conecta con nuestras potencias superiores, inteligencia y voluntad.
5. Un proceso que no contempla el *logos* es un proceso incompleto: está falto de contenido y es solo motivación y aire.
6. Un proceso que tiene un *logos* distorsionado puede funcionar en apariencia, pero es inmoral y, al final,

podría tener un costo altísimo, financiero y en reputación.
7. El *logos* se favorece con una estructura clara.
8. El *logos* se favorece con números con referencia.
9. El *logos* se favorece con fundamentos científicos y citas que referencien otras autoridades.
10. El *logos* por sí solo raramente consigue resultados. "Quien tiene la razón" no siempre gana la discusión.

Esta es la ecuación final.

Recórtala, compártela, úsala como *sticker* en la defensa de tu automóvil. Tienes mi permiso para enviársela a tus amigos, a tus tías e imprimirla para ponerla en el corcho de tu oficina. Al los señores de la NASA: tienen también mi permiso para enviarlo en una sonda al espacio, con la esperanza de que algún extraterrestre la reciba y comprenda los mecanismos (no tan secretos) de la comunicación humana y pueda, como tú, tener una mejor vida, una mejor familia y un mejor futuro.

**RELACIÓN+
INSPIRACIÓN+
INFORMACIÓN=
COMUNICACIÓN**

EL AUTOR

Con más de 20 años de experiencia enseñando oratoria, debate y comunicación, Frank es abogado por la Universidad Panamericana; estudió el Master en Política Global por la Universidad de Essex en Inglaterra, y actualmente cursa el Doctorado en Comunicación por la Universidad de los Andes en Chile.

Articulista en **Emprendedor.com y Newsweek México**. Es Director de Comunicación Institucional en la UP Aguascalientes y socio fundador en DiezLetras Comunica, contenido digital y editorial.

Ha sido conductor de televisión y radio en OchoTV Guadalajara, MegaRadio Guadalajara y Promomedios Radio. Autor de diversos títulos como: *10 Claves para Hablar en Público; Como Pez en el Agua, El Reto Millennial, la trilogía de El Delegado Francés y otros*. Creador de Dibujomentarios.. Sus artículos han sido leídos por más de 10 millones de personas.

TEDx Speaker. Conferencista especializado en Media Training, Oratoria y Storytelling; Comunicación Política, Corporativa e Interpersonal, así como temas de Crecimiento Personal, Familiar y Social.

Felizmente casado y padre de 4 hijos.

¡Sigamos en contacto!

Me encantaría que pudiéramos seguir en contacto a través de las redes, por correo o en otras publicaciones. Si tienes dudas o comentarios sobre este libro, quieres conocer más del tema o simplemente compartirme tus propias experiencias, ¡hablemos!

Encuentra más libros, podcasts, artículos, redes y contacto en

Todos Hablan, Pocos Conectan

Quinta Edición

Fue publicado en

México, agosto de 2023

Made in the USA
Columbia, SC
14 March 2024